U0878187

新时期高校英语阅读教学研究

李瑞 著

中国商务出版社
CCTP
CHINA COMMERCE AND TRADE PRESS

图书在版编目(CIP)数据

新时期高校英语阅读教学研究 / 李瑞著. -- 北京 :
中国商务出版社, 2021. 11 (2023.3重印)
ISBN 978-7-5103-4106-9

Ⅰ. ①新… Ⅱ. ①李… Ⅲ. ①英语-阅读教学-教学
研究-高等学校 Ⅳ. ①H319. 37

中国版本图书馆 CIP 数据核字(2021)第 226768 号

新时期高校英语阅读教学研究

XINSHIQI GAOXIAO YINGYU YUEDU JIAOXUE YANJIU

李瑞 著

出　　版：中国商务出版社
地　　址：北京市东城区安定门外大街东后巷 28 号邮编：100710
责任部门：教育事业部(010-64283818)
总 发 行：中国商务出版社发行部(010-64283818)
网购零售：中国商务出版社考培部(010-64515150)
责任编辑：刘姝辰
网　　店：https://shop162373850.taobao.com/
邮　　箱：347675974@qq.com
开　　本：700 毫米×1000 毫米　16 开
印　　张：11　　字　数：204 千字
版　　次：2021 年 11 月第 1 版　　印　次：2023 年 3 月第 2 次印刷
书　　号：ISBN 978-7-5103-4106-9
定　　价：35. 00 元

前言

在全球化飞速发展的今天，英语这门外语显然已经成为大部分国家通用的语言之一。无论是出国旅游，还是外贸交易，都离不开英语这门语言。由此可见，英语在人们的日常生活中发挥着越来越重要的作用，与此同时，学好英语开始变得刻不容缓。19 世纪中叶，在广州出现了一本英语教科书——《鬼话》，这部旨在教中国人学习英语的课本其实不过是一种粗浅的、用汉语注音的英语词汇入门书。但自此后，英语便开始在我国逐渐传播开来，而后于 20 世纪 60 年代中期，我国正式选择英语作为第一外语，此后，英语开始作为一门主科进入学生的视野。为了帮助学生学好英语，我国不少学者研究了各种各样的方法，包括但不限于口语、翻译、写作、阅读等方面。其中阅读教学广泛受到师生关注。

纵观阅读教学的发展，不难看出我国对阅读教学的重视程度越来越高了。当然，在英语学习中也不例外。英语阅读教学是基于传统的语文阅读教学发展而来的，其与传统的阅读教学有相似之处，也有不同之处。一方面，英语阅读教学是英语识词的重要途径，另一方面，是撰写英语作文的基础。其目的是培养学生的英语阅读能力和阅读习惯，进而促使学生学好英语。此外，英语阅读教学要灵活多样，讲求实效，可以对不同文章采用不同的教学，还可以根据学生的学习水平，制定恰当的阅读教学。如此才能进一步培养学生的自学能力，独立思考能力，使其在阅读实践中逐步提高英语水平。

英语作为目前世界上使用最广泛的语言之一，越来越受到我国的重视。在英语广泛传播的今天，越来越多的学者开始研究如何提高学生的英语阅读水平，这就使得很多关于英语阅读教学的著作应运而生，《新时期高校英语阅读教学研究》便是其中之一。本书首先从英语阅读教学的基础知识入手，对其内容、目标、原则、方法、现状、重要性及意义进行了分析，并对其理论基础——图式理论、关联理论、交互阅读理论及建构主义理论加以阐释；其次，分析了新时期高校英语阅读教学活动设计的相关内容，探讨了高校英语阅读教学中阅读策略的应用；再次，关注高校英语阅读教学的有效模式，对语篇分析模式、任务型模式、分层处方模式进行了详细分析，其中既包括对各种模式基本内容的介绍，也涵盖了诸如语篇分析教学中学生英语阅读能力提升的对策、任务型教学模式在高校英语阅读教学中的实施与应用、英语阅读分层处方教学设计等深层次内容的分析；最后，立足新时期高校英语阅读教学的信息化转向，对基于翻转课堂、微课、慕课以及其他移动学习平台的英语阅读教学模式进行了研究。

《新时期高校英语阅读教学研究》是在当前信息化极速发展的今天撰写而成的，换句话来讲，新时期的英语阅读教学需要借助信息化的力量来发展壮大。新时期诞生了多样的英语阅读教学模式，在不同模式的帮助下，我国学生的英语阅读水平有了显著提高，其运用英语实践的能力也有了明显增强。

本书在撰写过程中得到了众多学者的鼓励和支持，同时参考和借鉴了有关专家、教研人员的研究成果，在此对其表示诚挚的感谢！由于时间紧促，加之作者对新时期英语阅读教学的研究深度有限，书中难免存在疏漏和不足之处，诚望广大读者批评指正。

目录

第一章　英语阅读教学概述

阅读是一项重要的活动，阅读教学也在学校教学中占有重要的地位，英语阅读教学也不例外。本章将主要针对英语阅读教学的内容与目标、原则与方法，高校英语阅读教学的现状、重要性及意义展开论述。

第一节　英语阅读教学的内容与目标

一、阅读的心理机制与认知过程

（一）阅读的心理机制

有关研究表明，阅读不仅是一种由多种因素制约的复杂的智力活动，也是一种复杂的语言与思维的交互作用的过程，更是一个非常复杂的生理和心理活动的过程。阅读能力决定了一个人的智能发展。阅读和智力有着十分密切的关系。阅读是获取知识、发展智力情感的重要途径和高级神经系统的心理活动。因此，高智力的外语学习者在阅读过程中会获得更多的信息。

阅读作为一项复杂的活动，需要多个器官的分工与合作。在阅读者阅读时，许多器官如眼、脑、嘴、声带等都同时参与了这项活动，其中大脑起着尤为重要的作用，它直接控制着眼球的运动，指挥语言识别，并对获得的信息进行再加工。阅读心理学的研究与发展表明，要读懂文字的意思，看到文字就直接理解其意思是完全可能的，而不需要等听到或说出才理解。可见，高效率的阅读不仅可以省略由文字到声音这一步，甚至可以省略一定的文字符号来实现理解。因此，直接理解书面意义的默读能力是英语阅读能力的重要内涵。

在阅读过程中，除了眼睛感知文字符号所产生的视觉信息起作用外，由大脑所提供的非视觉信息也起着很大的潜在作用。非视觉信息包括很多方面的内容。例如，阅读者个人的语言基础知识、经验常识、逻辑知识，阅读者对所学语言国家的社会和文化背景知识的掌握等都属于非视觉信息。如果只靠视觉信息起作用，将互相之间毫无联系的字母排列在一起时，大脑只能识别五个字母左右。而有了非视觉信息的参与并与视觉信息综合作用以后，阅读者一眼就能看到4~5个有意义的词，甚至是有意义的句子。这一事实告诉我们，非视觉信息越丰富，阅读单位就越大，难度也随之降低，速度因此而加快。可见，有意识地不断增加学生的非视觉信息内容是培养和提高其英语阅读能力的关键。

（二）阅读的认知过程

1. 文字—语音—意义的转化

阅读活动的开始都是以眼睛看到文字符号为起点的，这些视觉符号在大脑中形成视觉映像，继而引起高级神经发音动觉中枢的活动，发音器官就会发出语音，产生听觉活动，这时文字信息才会被理解。英语是一种拼音文字，词语的音形联系紧密而直接。因此，学生在阅读英语时明显地呈现出“文字—语音—意义”的阶段活动特点。这种特点从英语学习的一开始就存在需要指出的是，“文字—语音—意义”不仅仅存在于语篇阅读中，在单词、词组、短语、句子的阅读中同样存在。因此，要提高学生的阅读能力，首先必须加强学生的口语能力，通过问答、对话等方式训练学生对语言片段的反应速度，为阅读效率的提高打下扎实的基础。

2. 声读—直接理解的转化

阅读方式主要有三种：出声的读、不出声但发音器官活动的读和心里默读。这三种阅读方式，尤其是默读，并没有摆脱声音对阅读速度的限制，因此它们都属于声读。

朗读是声读最典型的形式，对初级阶段的英语学习有着积极的促进作用。它不仅可以帮助学生更深刻地理解阅读材料，还能培养学生拥有良好的语感，最终促进阅读能力以及其他语言能力的提高。值得注意的是，朗读的使用与否应根据学习阶段、学习内容而定，不能盲目开展，因为过分强调朗读对默读能力的形成是不利的。

事实上，要了解一则语篇的意思，读者不需要听到每个单词，只看文字就可以理解其含义，因此读者无须将书面语转换为口语再进行理解。可以说，有效的阅读与语音并无必然联系，它不仅能跳过“文字—声音”的转换步骤，还能跳过一定的文字符号，通过抓关键词来获取主要信息。实践表明，阅读能力强的人只看到1/5的文字就能理解整篇材料的大致意思，这样一来，阅读的速度自然就远超口语的速度了。

3. 视觉信息与非视觉信息的结合

阅读过程是视觉信息和非视觉信息综合作用的过程。视觉信息是那些由眼睛感知的文字符号，非视觉信息是读者本身就有的全部知识。这些知识在阅读的过程中，对读者看到的文字符号进行信息加工，读者才有可能理解这些文字符号蕴含的意义。

阅读理解的效率、速度和非视觉信息的量与度有很大的关系。非视觉信息量越丰富、参与度越大，处理信息所需付出的努力越小，阅读的单位越大，阅读难度就随之降低，阅读的效率自然随之提高。一般来说，文化背景知识是所有非视觉信息中最重要的因素。因此，阅读者要多读多看，增加自己的知识储备，减少阅读中的障碍。

二、英语阅读教学的内容

无论哪种教学，教学内容都必须以教学目的为出发点。英语阅读教学的目的在于培养学生的阅读能力，使学生能够通过阅读英语材料获取所需信息。基于这一目的，高校英语阅读教学应包括以下内容：

1. 辨识单词。
2. 猜测陌生词语的含义。
3. 理解句与句的关系。
4. 理解句子言语的交际意义。
5. 辨识衔接词，并能据此理解文章各部分之间的关系。
6. 辨认语篇指示词语。
7. 把握语篇的主要观点或主要信息。
8. 总结语篇的主要信息。
9. 从细节中理解主题。
10. 将信息图表化。
11. 培养学生基本的推理技巧。
12. 培养学生的跳读技巧。

在对其理论进行深层次分析之后，将高校英语阅读教学内容分为如下几点。

（一）辨识单词

众所周知，词汇是构成语篇的基本单位，要想读懂一则语篇，基本的词汇量是必不可少的。也就是说，在阅读中，学生首先应能够辨识出这些词。但是，由于英语具有明显的曲折变化，名词有单复数形式，动词有时态的变化，形容词还有级别的区分，这些语法现象导致很多词汇在形态上有所改变，往往会影响学生对单词的辨识。因此，在当代大学英语阅读教学中，教师应该培养学生对单词的辨识能力，从而避免出现阅读障碍。

（二）猜测词义

在阅读过程中，学生也难免会遇到一些生词，这时候只靠查字典是不行的，这在前文已经提到，因为会影响学生对文章的理解。这时候，教师应该教授学生根据上下文语境来猜测词义，从而克服阅读障碍，提高自己的阅读速度。

（三）理清文章的逻辑关系

一篇文章必然会包含多个句子、多个段落。并且，这些句子、段落会通过一定的逻辑关系串联在一起。这些逻辑关系不仅保证了语篇的连贯程度，还将作者对每一部分的观点态度明确展现出来，因此对逻辑关系的识别具有重要意义。教师在教授阅读时，有必要对这些连接词进行总结，一起呈现给学生，让学生在阅读中遇到这些词时能够迅速发现，以便较快地理清整篇文章的逻辑关系。

（四）理解句子的交际意义

要想对一篇文章有一个正确的理解，弄清句子也是很有必要的。要想做到这一点，仅仅依靠字面意义是不够的，有时候字面意义也是错误的，需要理解句子的实际意义，探究和分析出句子所要陈述的实际意图。

（五）辨识指示代词

指示代词的使用能够将一些看起来独立的句子串联起来，从而产生连贯、逻辑的语义。在阅读中，学生能够辨识这些指示代词也是理解阅读材料的关键。因此，在当代大学英语阅读教学中，教师要教会学生理解指示代词，理清文章的层次、逻辑，从而保证学生更准确地理解文章。

（六）把握文章主要信息与观点

文章的主要信息和观点是文章的主题，是写作者所要展现的整篇文章的灵魂和重点。因此，要想理解一篇文章，理解其主旨思想是必须的。如果主旨思想、主要信息的理解出现偏差，那么就会导致对整篇文章的误解。可见，在当代大学英语阅读教学中，教师还需要引导学生把握主旨，明确作者的写作意图。

（七）培养推理技巧

很多时候，学生需要的信息并不能从文章表面获取，还需要对文章字面意思进行分析，进而推理判断。需要注意的是推理判断不是脱离原文的主观臆断，而是在原文的基础上，从其中的各个信息出发，对文章进行逐层分析。因此，在当代大学英语阅读教学中，教师还要引导学生培养一定的推理技巧从而帮助学生获取最真实、最可靠的信息。

（八）信息图表化

有时候，阅读材料中包含很多复杂的信息，但也包含一定的归属类别，或者彼此之前存在着某些关系，如果不对这些归属类别或关系梳理清晰，那么就很容易在阅读中遗忘。因此，在当代大学英语阅读教学中，教师应该引导学生将材料中的同类信息进行归纳，形成一个图表；或者用箭头、线条的形式将相关信息加以串联，表明关系，形成一个信息图。这对于学生理清思路、获取重点信息十分有利。

（九）培养阅读技巧

阅读技巧是影响学生阅读速度的一个重要因素。并且，阅读技巧常常与阅读目的相关。如果阅读目的是对文章大意的了解，那么学生就可以采用略读的形式，快速浏览全文，不必浪费大量的时间在每一个单词的理解上。如果阅读目的是为了对文章某一细节的了解，那么学生就可以采用跳读的形式，将无关的信息省略掉，直接跳到与这一细节相关的信息上。这样的阅读不仅节省了时间，还提升了学生的阅读速度，因此在当代大学英语阅读教学中，教师需要注意这一点，并培养学生的阅读技巧。

（十）背景图式

所谓背景图式，指的是文章内容所涉及的人物、背景、话题等，这些信息会对学生的阅读产生影响，因此在当代高校英语阅读教学中，背景图式的训练是极其重要的。

例如，对 Vienna is the centre of European classical music 进行阅读教学之前，需要让学生对多瑙河、维也纳、现代音乐古典音乐等有一个基本的了解，如果之前学生对这些信息不了解，那么他们只能从字面意义上来理解整个文章信息，也就不能深层次探究其所蕴含的文化意义。

需要指出的是，这些信息并不是单单依靠教师这一途径还需要学生利用网络资料对相关信息进行检索，并同其他学生进行分享。这样不仅有利于学生自身的发展，还能调动学生阅读学习的积极性和主动性，激发学生的学习兴趣，促进良好阅读效果的实现。

（十一）从细节、推展中理解主题

在一篇合格的文章中，每一个细节、每一段论述都是在主题下层层展开的，如果背离了文章的主题，那么就不能称作一篇好的文章。因此，学生在阅读过程中不能忽视任何一个细节，要善于对各层级语言单位细节进行有效把握。同时，学生需要注意整篇文章的推展过程，分析文章是如何一步步突显主题的，这对学生理解主题大有裨益，也是当代高校英语阅读教学的一项重要内容。

三、英语阅读教学的目标

教育部制定的《英语课程标准》对英语阅读教学目标的描述如下：

（1）能认读所学词语；

（2）能读出简单的单词；

（3）能看图识字；

（4）能读懂教材中简短的要求和指令；

（5）能读懂简单的个人信件；

（6）能看懂贺卡等所表达的简单信息；

（7）能正确朗读所学故事或短文；

（8）能理解并解释图表提供的信息；

（9）能理解段落中各句子之间的逻辑关系；

（10）能理解阅读材料中不同的观点和态度；

（11）能理解文章主旨及作者意图；

（12）能根据上下文和构词法推断、理解生词的含义；

（13）能根据上下文线索推理、预测故事情节的发展；

（14）能读懂常见体裁的阅读材料；

（15）能正确、流畅地朗读课文；

（16）能通过分析句子结构理解难句和长句；

（17）能利用上下文和句子结构猜测词义；

（18）能从文章中获取主要信息并能摘录要点；

（19）能在教师的帮助下欣赏浅显的文学作品；

（20）能识别不同文体的特征；

（21）除教材外，课外阅读量应累计达到36万词以上等。

此外，《大学英语课程教学要求》为英语阅读教学提出了三个层次的要求：一般要求、较高要求和更高要求，具体内容如下：

（一）一般要求

1. 能基本读懂一般性题材的英文文章，阅读速度达到每分钟70个词。

2. 在快速阅读篇幅较长、难度略低的材料时，阅读速度达到每分钟100个词。

3. 能就阅读材料进行略读和寻读。

4. 能借助词典阅读本专业的英语教材和题材熟悉的英文报刊文章，掌握中心大意，理解主要事实和有关细节。

5. 能读懂工作、生活中常见的应用文体的材料。

6. 能在阅读中使用有效的阅读方法。

（二）较高要求

1. 能基本读懂英语国家大众性报纸杂志上一般性题材的文章，阅读速度为每分钟70~90个词。

2. 在快速阅读篇幅较长、难度适中的材料时，阅读速度达到每分钟120个词。

3. 能阅读所学专业的综述性文献，并能正确理解中心大意，抓住主要事实和有关细节。

（三）更高要求

1. 能读懂有一定难度的文章，理解其主旨大意及细节。

2. 能阅读国外英语报纸杂志上的文章。

3. 能比较顺利地阅读所学专业的英语文献和资料。

第二节 英语阅读教学的原则与方法

一、英语阅读教学的原则

（一）因材施教原则

由于每个学生都有自己的个性，学生与学生之间也存在着差异，所以学生阅读学习的进程也就不尽相同。因此，教师应因材施教，对不同的学生采用不同的教学方法，确保每个学生的阅读技能都得到相应的发展。如有的学生会因为自己较差的阅读成绩而失去信心，自暴自弃，当面对这类学生时，教师应在教学过程中不断鼓励和表扬他们，以使他们重新建立信心，同时给他们布置一些难度较小的阅读任务，然后逐步增加难度，使他们不断进步。而有的学生有着较高的英语阅读水平，并对英语阅读有着浓厚的兴趣，基本的阅读通常已经无法满足他们的阅读要求，针对这类学生，教师应布置一些具有挑战性的阅读任务，或向其推荐一些名著等。因此，教师应根据不同学生的特点采用不同的教学方法和手段，并有意识地向他们提出不同的要求，从而做到因材施教。

（二）循序渐进原则

英语阅读教学目标的完成是一个循序渐进的过程，需要一个合理的总体设计和长远规划。因此，在教英语阅读时，教师应遵循这一原则，对阅读材料的选择、阅读方法的选择、任务的完成等进行全面的考虑，并引导学生寻求最适合自己的学习方法，扎扎实实地学习，最终完成阅读任务，提高阅读水平。

（三）选择适当教学模式原则

英语阅读教学模式多种多样。英语阅读教学的模式主要包括自下而上模式、自上而下模式和互动式模式等等。但前两种教学模式均存在一定的局限性，而互动式模式的优越性决定了它是阅读教学的最佳选择。词汇问题通常是造成学生阅读困难的主要因素，所以很多研究都认为自下而上的阅读教学模式应该受到重视。但这一模式并不能有效地激发学生的阅读兴趣，甚至会起到相反的作用，因此，英语阅读教学所采用的模式一般以自上而下的模式为主，以自下而上的模式为辅。

（四）选择合适的阅读材料原则

选择阅读材料时除了要考虑学生对文章是否感兴趣外，还要考虑文章本身的难度、思想性、知识性和多样性。换句话说，阅读材料的难易程度要与学生的水平相适应。影响难度的因素很多，概括地讲包括读者因素和文本因素两大类。读者因素包括语言知识、百科知识、语篇知识。文本因素包括文本的语言本身、语篇结构、内容的主题、文章中是否含有辅助理解的内容。文本的语言本身，即文本中所使用的词汇是否生僻，以及句子结构的复杂程度；语篇结构，即文本中信息的组织方式是否符合规范的结构，结构清晰的文本更易于理解；内容的主题，即学生是否熟悉该主题的内容，是否在有关的方面存在着较大的文化差异；文章中是否附有图表、地图、照片、插图等各种有利于阅读理解的视觉辅助内容，思想性和知识性也是在阅读材料的选择过程中应该重点考虑的因素。学生在阅读的过程中，一方面可以巩固语言知识，提高阅读能力；另一方面他们在理解的同时也不断地获取了大量的信息。

总之，教师在选择阅读材料时要重点考虑两个问题：文章的内容是否有利于学生的健康成长；文章能否给学生提供新的知识。选择阅读材料还要考虑文章的多样性，要选择各种内容各种文体的文章让学生阅读。这样才能让学生有机会体验各种内容和文体的阅读过程，认识各种文体的特征，了解更多的专业知识和背景知识。

（五）激发兴趣原则

兴趣能够激发一个人的积极性和对事物的热情。同样，对英语阅读产生了兴趣，学生才会主动地、积极地去学习。可以说，学生能否对阅读产生浓厚的兴趣是阅读教学成败的关键。因此，教师在教学过程中要注意教学形式多样化和教学内容的适当变换，以激发学生的积极性，保持学生对阅读教学的新鲜感，引发学生的阅读热情。

（六）层层设问原则

所谓层层设问是指教师在阅读教学过程中提出的问题应该具有一定的层次性，层层设问，环环相扣，一步步将文章的主旨揭示出来。例如，教师在讲解 Thomas Edison 这篇文章时，可以提出下列问题：

（1）Who was Thomas Edison?

（2）When Thomas Edison was five years old, he sat on some eggs one day, didn't he? Why?

(3) Why did Edison's teacher send him away from school?

(4) How do you think about Thomas Edison? Why?

(5) What can we learn from the text?

以上五个问题层次分明、层层深入，根据教师提出的问题，学生要进行认真的思考，把问题简单化，在解决问题的过程中，理解文章内容，掌握所学知识，提高自己的分析能力。

(七) 平衡阅读速度和准确性原则

传统的英语教学法特别注重理解的准确性，从而忽视了阅读的速度问题。近年来，随着交际教学法的广泛使用和推广，有人提出了“阅读速度应优先于理解的准确性”这一观点。但实际上这两种做法都有失偏颇。首先，大家不应该把阅读的准确性和阅读的速度对立起来。阅读的根本目的是理解，所以阅读速度亦为理解速度。理解是重要的，一味加快速度而不理解是没有意义的。其次，阅读的速度和准确性也要根据阅读教学的目标来确定。譬如，精读、泛读、速读三种阅读形式的教学目标不同，对于速度和准确性的要求也就相应地有所不同。另外，学生处于不同的学习阶段，对于速度和准确性的要求也应该有所不同。在英语学习的初期，学生的语言基础比较薄弱，此时阅读的主要目标是帮助学生打下扎实的语言基础，在学习阅读时，总是要放慢速度进行理解。随着学生英语水平的不断提高，词汇量地不断扩大，语义句法知识地不断增加，语感也就随之增强，阅读速度逐渐同理解速度同步发展，读得越好，理解也就越快。

评价阅读能力的标准是阅读理解的准确性和阅读速度，因为读得快，不理解等于未读，能够理解而阅读速度太慢，则效率太低，意味着阅读能力不够。阅读理解的准确性指阅读理解的精确度和深度，阅读速度则是衡量阅读流利性的主要标准，二者是同一事物的两个方面，是相互依存的，准确中要有速度，速度中要有准确。因此，在阅读课教学中正确处理好两者之间的关系是提高学生阅读理解能力的关键之一。

二、英语阅读教学的方法

(一) 英语阅读前教学的方法

英语阅读前活动的主要目的是使学生在尽量短的时间内对与阅读材料相关的信息有一个大致的了解，激活学生已有的知识，调动学生的阅读兴趣，使学生尽快进入文章角色，为进一步地阅读做好准备。一般来说，阅读前活动有以下四种。

1. 激活背景

每种语言都承载着不同的文化，要想学好一门外语，仅学习它的词汇和语法等知识是远远不够的，还要学习异国的文化。因此，教师在组织学生阅读之前有必要先为他们讲解一些与文章有关的社会文化背景，并与学生进行相关的讨论，唤起学生的已有知识和生活经验，使他们对要阅读的材料有一个更深层次的了解，从而激发学生的主动性，使其有进一步阅读的欲望。学生如果了解了课文的背景知识，那么理解课文以及解决课文中的问题就容易了。

2. 清除障碍

词汇可以说是英语句子和文章的重要组成部分，同时也是影响学生阅读的最重要的因素。因此，教师有必要为学生扫除词汇障碍。教师可以在教学的过程中采用游戏、图片、故事、对话等形式为学生导入词汇，从而帮助学生更好地阅读。教师还可以课前指导学生预习，为学生布置一些预习任务，这样不仅能帮助学生明确预习目标，做到有的放矢，还能培养学生学习的积极性和自主性，并能为课堂教学的顺利进行做好知识准备和心理准备。这种具有针对性的预习不但可以加快课堂的节奏，加大课堂的容量，而且还能加快学生理解的速度和深度，为课后的巩固理解起到很好地促进作用。

3. 预测情节

预测情节就是在没有看到阅读材料的具体内容之前推测其具体内容。通常来讲，题目体现着一篇文章的中心，因此教师可以引导学生依据文章的题目去预测课文的内容。此外，教师还可以引导学生依据课文的关键词来预测课文内容，给学生充分的想象空间，然后通过阅读来验证自己的预测。预测情节对顺利完成阅读任务有很好地促进作用，它不仅可以巩固学生的知识，激发学生阅读的欲望，还能培养学生的逻辑推理能力。

4. 逐步扩展

单词构成了句子，句子组成了语篇，一篇文章是由无数句子构成的，句子又由各种单词通过一定的语法结构构成。在教学过程中，有时一个语法会连续在几个单元当中出现，因此教师就应注意这个特点，并在讲授的时候要不断地、重复地提及这一语法，以增强学生的记忆。并且，语法的难度呈现的是递进的趋势，所以教师应经常对这些语法点进行复习，复习的同时引出新的语法知识，并使新旧语法点相结合，从而加深学生的印象。

（二）英语阅读中教学的方法

阅读的过程，实质上是认识层次的推测与验证相互交替的过程，主要方法有以下几种：

1. 略读

所谓略读，指快速阅读文章以了解其内容大意的阅读方法。它是一种选择性的阅读，对信息也是有选择性地获取。略读这种阅读方法只注重文章的大意，对细节和例子则无须多加关注略读时，学生可以有意识地略过一些词语、句子，甚至段落。略读有时只需要选读每段的首、尾句，有时只要指出段落的主题句，抓住阐述主题的主要事实或细节即可，无须逐字逐句地阅读。

同时，略读也是有一定技巧的，掌握一定的略读技巧对于阅读的顺利进行十分有帮助。下面我们就介绍一些常用的略读技巧。

（1）要特别关注文章的题目、小标题、黑体字、斜体字以及画线部分。文章题目往往是内容的宗旨，它能很好地帮助我们预测文章的主旨大意。因此，在阅读时也要特别关注文章的题目。而黑体字、斜体字和画线部分则提醒学生，这一部分是很重要的信息。因此，在阅读的过程中也应对这些内容加以关注。

（2）着重阅读段落中的首句和末句。除文章的首段和末段外，段落的首句和末句也非常重要，因为段落的首句往往是主题句，而末句常常是结论句。因此，在阅读的过程中应对段落的首句和末句进行重点阅读，这对掌握文章的段落结构十分有利。

（3）留意关键词和关联词。关键词可以反映在特定的场景下谈论什么话题，而且关键词大多同文章的主题有关，利用关键词可以推测文章的主题。因此，在阅读的过程中应注意这些关键词。另外，在阅读中还要关注一些关联词。关联词包括很多种，如有表原因、递进、顺序、转折等。通过关联词，我们可以预测下一段与上一段的关系，由此判断作者的思路和观点。

2. 跳读

跳读的目的是为了准确定位详细而又明确的信息，在采用这种阅读方法时，通常需要以下几个步骤：

（1）要理解所提出的问题，大致了解四个选项中所说的内容，然后确定所需要的信息及这种信息的出现形式。

（2）根据问题提供的线索，再回到明确到哪里去寻找所需的相关信息。

（3）快速搜索，找到所需相关信息，并对其进行加工处理。阅读问题中涉及的时间、地点、人物、做事的方式、事情的起因、结局，可以边读边划下来做记录，以便于查找。

（4）对于一些无关紧要的信息，可以省略不读。

（5）再返回到问题中，比较分析问题中的四个选项，确定哪个是最确切的信息。

3. 信息转换

信息转换是为了加深对文章的印象。在阅读教学中常使用的转换方法有：表格、图画、加小标题、流程图、条形统计图、地图、树形图等。这样的转化方式可以将文中的形式信息转化为可见信息，把文章中的信息保留在记忆中，从而加深印象。

（三）英语阅读后教学的方法

阅读后教学也是一个十分重要的环节。阅读后阶段是对所学知识的巩固和运用阶段，目的是巩固和拓展学生在阅读过程中所学的语言知识，并培养其说和写的能力。因此，在这一阶段，教师应设计一些与课文内容有关的活动，给学生提供能充分发挥其创造力和想象力的机会，让他们自如地表达读后的感受。阅读后活动有以下几种。

1. 复述

复述的前提是学生对阅读材料有了一个大致的了解，并消除了生词障碍，此时教师可以让学生根据图片和关键词来复述阅读材料的大致内容。复述是一种具有挑战性的口语练习。

2. 转述

转述针对的是对话性质的语篇。教师可以引导学生使用第三人称将对话性的语篇转述为描述性的语篇。

3. 填空

设计这一活动时，教师可将课文的大致内容写出，然后留一些空白让学生填写，但学生填写的词汇和短语要尽量有所不同。

4. 写作

写作在这里指的是对阅读材料的仿写和续写。教师可以让学生根据一篇阅读材料写文章的摘要。如果阅读材料是一篇叙事性文章，可以让学生展开想象，对文章中的故事进行续写。

第三节　高校英语阅读教学的现状分析

一、学生自身的学习现状

（一）母语思维影响

受文化与思维方式的影响，英汉两种语言在遣词造句上也有很大不同。例如，英语句子中只能有一个谓语动词，动词受形态变化的约束，是句子的中心，并借助一些连接词把句子的其他各个语法成分层层搭架，呈现出由中心向外延扩展的“分岔式”结构。而汉语一般通过多个动词的连用或流水句形式，按照时间的先后顺序和事理推移的方式，把一件件事交代清楚，呈现出一线形的“排调式”结构。

再如，中文习惯于将次要的描述性信息放在句子的前部，而将重要的信息放在句子的后部。与之相反，英文句式的表达特点是将重要信息放在句子前部，而将次要信息置于句子的后部。学生如果对中英句式上的这种差异熟练掌握，在阅读中就可以适当分配注意力，提高阅读的速度和效率。

因此，在英语阅读教学中，教师的教不应仅仅局限在语言知识的讲解上，还应注重对学生进行跨语言文化的思维训练。

（二）阅读习惯不良

阅读习惯对阅读学习有着最直接的影响。每位学生都有自己的阅读习惯，良好的阅读习惯能让学生在短时间内获得最多的或需要的信息，而不良的阅读习惯则会抑制阅读的成效。放眼我国高校学生的阅读现状可以发现，很多学生在阅读时都有着这样或那样的坏习惯，现总结如下：

（1）用笔或手指着，一个字一个字地读。

（2）读出声来或在心里默读。

（3）重复阅读前面读过的内容。

这些坏习惯大大降低了阅读的效率，也严重影响了阅读学习的效果。对此，在教学过程中，教师应及时发现和纠正学生的这些不良习惯，培养正确的习惯，以帮助学生提高阅读和学习的效率。

（三）背景知识欠缺

学生是教学的主体，是影响教学效果的主要因素。因而，学生方面存在的问题很大程度上制约着英语阅读教学的顺利开展。就目前来看，学生背景知识欠缺的问题比较严重。缺乏必要的背景知识是造成阅读困难的主要原因之一。背景知识指学生掌握的各种知识，包括语言知识本身、文化背景知识和学生已有的各种生活经历与经验。丰富的英语文化背景知识能促进学生英语阅读能力的提高；反之，背景知识的缺乏则会造成阅读理解的误解或困难。就目前来看，我国学生普遍缺乏英语文化背景知识，对英语国家的历史、地理、文化等不了解，从而制约了英语阅读教学地顺利开展。例如：

The eagle always flew on Friday.

eagle 是美国的国家象征，经常出现在美国钱币上，由此 eagle 在这里喻指美国钱币，于是学生可以推测这句话是想表达“美国人总是在周五发工资”。如果将其理解为“老鹰通常周五都飞来”就大错特错了。所以，学生只有进行广泛阅读，多了解各国家的背景知识，才能提高阅读速度，保证阅读理解的准确性。

二、英语教师的教学现状

（一）教学机械化，缺乏创新

高校英语教学仍旧采用传统机械式教学法：课前预习；课中简要概括介绍，解释难点，提问问题；课后记忆。这种教学方法存在很多的缺陷。

（1）学生没有明确的目标如何进行课前预习。

（2）课中一直是教师的介绍，学生并未参与其中。

（3）单纯的理解性练习只能检测学生理解的结果，但是并不能检测学生的理解能力。

总之，这种缺乏互动式的教学法必然将学生局限在教师的知识圈中，并不能提高学生群体的世界知识和理解技能。

（二）应试教育倾向严重

在我国的英语阅读教学中，还存在着应试教育倾向严重的问题。

教师在阅读教学过程中注重对应试技巧的讲解，而忽视了学生阅读能力的提高。例如，高校英语四、六级考试就有应试教育之嫌。而且，高校英语四、六级考试皆为笔头考试，尽管对英语教学起到了一定的正面反馈效应，但是在语言的表达上也仅仅是做出判断。并且，在进行各类水平的测试时，只要抓住其中的几个重点词，问题就能解决了，这就使学生的阅读水平只能局限于粗略理解上，而不能得到真正意义上的提高。

即使有些教师知道应试教育对学生能力培养具有一定的阻碍作用，但是迫于教学压力和业绩等因素，着实没有精力进行改变，于是陷入进退两难的境地。教师在英语教学中的作用十分重要，解决这些问题除了需要教师提高自身的专业水平之外，同样需要相关教学部门的支持与协作。

（三）教学观念落后

英语阅读教学目前在教学观念上仍然存在着比较严重的问题。很多教师只重视知识的传授，一味地讲解生词、进行逐句逐段地分析，然后对对答案，而轻视了对学生阅读理解能力的培养，甚至忽略了学生在学习过程中的主体性。阅读作为一种重要的语言技能，其能力的培养对于学生分析、思考和判断能力的提高十分有利，对于提高学生的人文素养、激发学生学习兴趣、拓展学生的视野、提高学生综合语言运用能力也有着重要的意义。教师应该意识到，阅读是学生的主体性的、个性化的行为，教师不能以自己的分析来代替学生自己的阅读实践。因此，教师必须努力改变英语阅读教学中旧有的观念，多给学生自己阅读和锻炼的机会，帮助学生提升阅读水平，从而提高阅读质量。

三、教学环境的现状

（一）课程设置不够合理

阅读教学是英语教学中一个重要的组成部分，但是目前在教材和课程设计上都存在着许多的问题。首先，阅读教学的教学目标和计划不够明确，在课时、师资等方面得不到有力的保障，从而影响了阅读教学效果的提升。其次，阅读能力的培养是一个循序渐进的过程，在不同的学习阶段，教材的侧重点不尽相同，如小学的教材侧重词汇，中学的教材偏重语法，大学的教材则重视阅读技能的训练，然而对于这三个阶段的连贯性方面阅读教材却没有做到位，缺乏必要的过渡。这些都是英语教师需要注意并改善的问题。

（二）教材设计不合理

教材是教学的重要指导性资料，在一定程度上影响着教师的教学内容、教学方向。但是纵观我国英语教材，其在设计上存在着不合理的问题，在整体上缺乏内在的连续性。

具体来说，我国高校教材注重阅读技能的训练。虽然从表面上看，教材设计本着层层深入的原则，在教学的不同阶段侧重性和针对性都十分明显，同时也符合学生具体的学习和认知规律。但是却存在严重的过渡问题，也就是前一个学习阶段和后一个学习阶段之间缺乏一定的承接性。

这种教材脱节的现象，在一定程度上影响了教学效果，对英语阅读教学也有着很大的阻碍作用。阅读教学过程中应该遵循循序渐进的原则，在不同的学习阶段，应该使学生接触到不同程度的英语阅读材料，但是由于教材的脱节，学生的阅读训练缺乏整体性。学生跟上原本的阅读进度已经感到吃力，更没有必要谈提高英语阅读能力了。

此外，从教材内容上看，人为选编的主题和篇章的结构性不足，所选社会科学主题、人文科学主题和自然科学主题在量的方面不均衡，主题筛选的广度和深度都有待进一步提高。教材的这种编写，缺乏与学生生活的联系，因此学生兴趣便得不到提高。

第四节　新时期高校英语阅读教学的重要性与意义

一、新时期高校英语阅读教学的重要性

阅读理解是学习者学习知识和发展智力的重要基础和前提，同时也是人类信息传递的主要途径。高校英语教学的主要目的之一是培养学生具有较强的阅读能力，而当前在我国的各类考试中阅读部分所占的比重一般也都在30%或30%以上，可见提高阅读技能和水平的重要性。阅读的重要性主要体现在以下几个方面。

（一）英语阅读教学是获取信息的主要手段

阅读能力的培养应该是我国高校英语教学的努力方向。众所周知，我国教育部之所以把英语放在显赫的位置．目的之一就是想培养出能够通过英语获取先进的科学文化信息的人才。虽然语言的信息交流渠道可以分口头和书面两种形式，但一方面受客观现实的限制，绝大多数的学生在未来使用英语进行交流的日子里，获取信息的主要渠道还是阅读；另一方面，外语学习和母语习得表

现出不同的发展规律。人们习得母语时是听说能力先于读写能力，不需要太大的努力就可学会，而英语学习时情况则完全相反。这两个方面决定了书面形式将会是他们获取更复杂、更精确、更综合信息的可靠源泉。这也同时说明了将阅读教学置于高校英语教学核心地位的必要性。

（二）英语阅读教学是提高语言行为和能力的重要基础

阅读能力是提高听、说、写能力的根本。广泛的英语阅读是撰写地道作文的基础。正确地高声朗读是说一口流利英语的必经之路。这应该说是个不需证明的道理。反观我国学生的口头与书面表达能力，单从内容上来说，也常常是稚嫩可笑或言之无物。我们几乎可以肯定地说，这种令人遗憾的教学结果与阅读教学不足或方法欠妥是分不开的。

（三）英语阅读教学是语言知识的积累过程和文化知识的导入过程

高校英语学习是语言知识的积累过程和文化知识的导入过程，这在外语界已经形成共识。如果说，听说课和网络教学手段能在灌输语言知识上有所作为的话，那么它们尚不足以完全承担文化导入的这个重任—听说课具有稍纵即逝的特性，网络教学毕竟是“辅助教学”，不可能代替面授，而阅读教学则可以针对课文中零散的文化知识进行对比分析、阐释讲解或指出其文化内涵或点明其文化规约。这样，学生能循序渐进对异域文化的理解和文化知识的积累。此外，作为高校教育的一个重要部分，英语教学也还应该以拓宽学生视野、提高学生素质为取向。在此方面，阅读教学显然可以发挥听说教学难以比拟的作用。

（四）英语阅读教学即是阅读也是交际手段

现在，人们谈起高校英语教学中的交际教学法，首先想到的是老师和学生之间的互动关系。忽略了学生作为读者在阅读英语时，其实也是在和作者进行交流。此时，学生的交际对象与我们大部分的英语教师相比，无论在语言能力上还是在文化修养上都略胜一筹。因此，阅读作为交际手段或许更有意义。这一点长期以来没有被我国外语界重视。这与人们传统上强调语篇的独自性是分不开的。以系统功能语言学为代表的语篇分析理论认为，语言的本质要求我们更应该把语篇看成是过程而不是产品①。有鉴于此，如果说高校英语还存在着不少问题的话，其中之一是阅读太少。而不是太多。需要改变的是传统的阅读教学方法。

---

① 路景菊．大学英语教学研究［M］．长春：吉林大学出版社，2007：173.

二、新时期高校英语阅读教学的意义

（一）强化语感，提高学生英语口语和写作技能

众所周知，语感在心理学上应属于被称为理智感的情感范畴。人除了有属性的感觉外还有特殊的关系感觉和情感，借助这些理智感，人们能够直觉地认识各种各样的联系和关系。当人所感觉到的联系和关系还未被意识到的时候，直觉的认识只能是感性的。语感应理解为对语言的感性反映。语言是作为交际手段的复杂体系，使用语言的语感无疑也是一个复杂的结构，可在三大范畴中反映出来。一是反映词所标志着客体之间的联系与关系；二是反映语言特征的（指语音、词汇、语法、修辞等语言特点）联系与关系；三是反映两种不同语言体系之间的联系与关系。人在实际掌握语言时，所有这些语言联系和关系已直接体验到，但并未意识到，语言联系和关系的所有这些感性反映形式构成巨大而复杂的感性复合体，这便是语感。这种语感使人能够不必意识到语言的这些或那些特点而实际掌握语言。为了使学生高频率接触除课本以外的英语材料，教师通常会引进各种英语报纸、杂志或书籍等，为学生们提供拓展阅读，并在英语阅读教学的过程中，不断强化阅读输入。随着时间的推移学生在教师的引导下会逐步养成坚持阅读的习惯。阅读的输入，这不仅有利于培养学生的语感，也在潜移默化中提高了他们的其他技能，如口语表达能力、写作能力等。另外，通过阅读英语短文，学生有机会接触地道的英语表达方式，这既巩固了其原有语言知识，又帮助其积累新的语言知识，无疑对其阅读能力、写作能力的提高都有很大帮助。

（二）接触外来新鲜文化，开拓学生视野

语言是文化的载体，大家都知道要想学好一门语言，必须多多接触它的本土风情与民俗文化，那么英语课堂便给学生提供了个了解英、美等大国的风俗习惯和异域乡情的绝佳平台，有了这些大量多姿多彩的生活场景与日常故事的熏陶，学生们的阅读水平便有了很大的保障，因为在阅读的过程中还可以拓展对外国文化的了解，何乐而不为呢？再者，成绩、语法、时态等绝不会成为限制我们快乐学习的拦路虎，越是困难越要用巧妙的方法应对，让学生吸收外来优秀文化的精髓才是英语学习的最高境界，这样才能切实地帮助学生在阅读的过程中增加自信，降低失分的概率。换而言之，英语阅读材料涉及了大量英语国家的风俗、习惯，以及大量的生活场景、日常故事，这对丰富学生语言文化

知识有着很大的帮助。语言学家曾经说过："语言是文化的载体。"可见对外语的学习，掌握语法、句式和基本语言技能不是最终目的，了解和吸收一种文化的精髓才是外语学习的最高境界。而英语阅读教学在帮助学生巩固和积累语言知识的基础上使学生对英语国家的历史、文化、政治等有了更为深入的了解，最大限度地提高了学生的语言素养。

（三）培养积极向上的生活态度

一些外语学习者在学习过程中可能表现出焦虑的情绪。焦虑是对当前或预计对自尊心有潜在威胁的任何情境而产生的一种担忧的反应倾向。它是由于个体受到不能达到目标或不能克服障碍的威胁，致使自尊心与自信心受挫，或致使失败感或内疚感增加，从而形成的一种紧张情绪状态。中国人在多年的外语学习中遭遇的挫折是比较多的。费时费力费神，听说读写技能不但没有实质性的提高，却落下心理上的许多阴影。"听说不通，翻译不像，写作不爽"成了很多学子们的真实写照。由于听说相对薄弱，信心表现出更加不足，成就感低，学习动机淡漠。受传统英语教学影响，学生对书面文字接触更多，基础相对要强些，对于语言内容更易于接受。虽然阅读不能在课堂上大量实践，但如果能在课外培养学生自主阅读的能力和习惯，指导学生掌握阅读的策略和技巧，持之以恒阅读各种难易程度相当的材料，假以时日，学生就有可能产生学习英语的兴趣，逐渐找到自信，从而医治由英语学习的挫折感而引起的焦虑感这将大大改善英语学习者的心理环境。

此外，教师通过挑选非常具有时效性和积极向上精神情怀的英语阅读材料，有助于使学生逐步树立起正确的人生观、价值观和世界观，从而使学生具有积极乐观的生活和学习态度。同时，具有趣味性、创新性和时代性的阅读材料还可以缓解学生沉重的学习压力，将压力转化为前进的动力。言而总之，通过阅读具有教育意义的英语阅读材料，学生将逐渐养成良好的情感态度，形成积极的人生观和价值观，并可能激发英语学习的兴趣。

第二章　新时期高校英语阅读教学的理论基础

阅读教学在整个高校英语教学中占据着不容忽视的重要地位，要想优化英语阅读教学的效果，首先要正确认识与理解英语阅读教学的理论基础，本章即对此展开分析。

第一节　图式理论

一、图式理论的内涵

（一）图式理论的基本含义

“图式”这一概念最早源于柏拉图（Plato）的“理念论”，其主张“理念”是心灵的眼睛能看到的东西，是人的理智所认识的，外在理智中的存在。德国哲学家康德（Kant）于 1804 年明确提出了“图式”这一概念，定义图式是先验想象力的产物；先验的时间规定性是将知性概念与感性经验统一起来的第三者，沟通概念与对象的媒介物。[①] 康德的图式概念从根本上成为理性把握感性经验对象的知性形成，使感性经验具有普遍意义形成的条件。英国心理学家巴特莱特（Bartlett）率先把“图式”概念引入心理学研究的领域，认为对过去经验的活跃组织和反馈是图式的核心特点[②]。而随着对图式和图式理论的研究发展，一部分语言学家认为图式是形成于大脑长期记忆中的关于人对世界的认识，即人们所说的背景知识。现代图式理论之父鲁梅哈特（Rumelhart）则强调人类获得的所有知识都可以被划分成为细小的单元形成一定的组织和结构，而这样

---

① 焦秋生．哲学与教育课程论题——关系、结构与过程［M］．济南：山东大学出版社，2015：364.

② 梁宁建．当代认知心理学［M］．上海：上海教育出版社，2014：218.

的组织和结构就是图式在大脑中的具体呈现①。

从以上众多对图式的定义和解释中不难发现，图式作为理解信息的基本框架能广泛应用于各种情景之中，在人们的认知过程中起着积极的组织和建构作用。图式是认知的基石，人们处理外界的任何信息都需要调动大脑中的图式，根据图式来解释、预测、组织和吸收外界的信息。如果头脑中存在和外界信息相关的图式，那么对外界的信息处理就顺利，当读者把大脑中的图式和语言材料所提供的信息联系起来的时候，就能阅读所理解的材料，否则阅读理解就失败。

随着认知科学的发展，20 世纪 60 年代产生了图式理论，它标志着认知理论达到了一个新的水平。图式理论主要提示了已知信息对认识所起的基础性作用。图式理论得到验证后，被用于解释与认知存在密切关系的语言习得过程，特别是用于阅读中。现代图式理论的主要代表人物有安德森（Anderson）、鲁梅哈特和卡雷尔（Carrel）等。他们在总结认识论、心理学、生物学和语言学等领域最新研究成果的基础上进一步完善了现代图式理论，认为图式是头脑中存在的结构性知识或知识单元，是事物和语言的中介，是一种代表人对世界理解和认识的结构性网络。换句话说，它并不代表客观存在的某一具体事物或事件，而是从许多个体中归纳出来的具有共性和普遍意义的模式。

（二）图式理论的观点

1. 图式的定义是多元化的

它可以是一个符号，一件事物的相关性质，或是某个抽象的概念。图式理论研究阐释了图式的六个基本特征：（1）图式具有变量；（2）图式可以嵌套；（3）图式表征的是抽象水平上的知识；（4）图式表征的不是定义而是知识；（5）图式的活动是一种主动的过程；（6）图式是一种认知的单元，有了这种单元就能够评价所加工材料的匹配程度。通过对以上信息的解读，可以看出对于图式基本概念的解析。

2. 图式具有层次性

图式有简单和复杂、抽象和具体、高级和低级的层次之分，如“高校教育”这一图式包含有丰富的子集结构，与之包含的具体“高校学生”这具体概念就形成了复杂和简单的差异；从上下级的隶属关系看，“高校教育”和下属的各级层次之间亦形成了明显的上下级关系。

---

① 鲁忠义，杜建政．记忆心理学［M］．北京：人民教育出版社，2005：137.

3. 任何口头或书面的文本本身都没有意义

文本仅仅是为读者从自己先前已有的知识体系中存取并建构的意义的指导方向，理解过程与读者头脑中的背景知识紧密相关。图式理论认为理解的关键在于个体是否将新信息和已知的概念和经历联系起来对号入座；而正确理解的与否则取决于头脑中已有图式是否能与新信息匹配，所以阅读理解过程的实质可以理解成输入信息、经有图式的媒介与作者进行双向互动的过程。在阅读过程中，输入信息与读者已有图式之间形成互动，而不同的读者会因为知识背景的不一样对同样的信息会产生不同的反馈。

4. 读者理解语篇材料的过程就是读者头脑中的图式与语言材料提供信息之间相互作用的过程

图式理论把图式分为语言图式、内容图式和形式图式。语言图式是指读者对阅读材料中词汇、语法等基础知识的理解程度。在阅读过程中，词汇难度大和句型结构的复杂往往会造成理解的困难；内容图式又称为主题图式，主要考察读者对阅读材料的主题或文章内容的背景知识的理解程度。众所周知，构成语言基本单位的词汇含意是在特定的文化环境中形成的，其本质是某种特定语言文化的载体。在阅读理解过程中，如果缺乏相关文化背景，诸如风俗习惯、地理常识等相关知识的缺乏，即使没有词、句、语法的障碍，也无法与阅读信息相互作用，无法启动相应的内容图式；形式图式包括阅读材料的体裁和篇章结构方面的知识。阅读的文本类型大致可以分为议论文、记叙文、说明文、描写文和应用文。只有经过大量的训练不断熟悉各种文体在头脑中形成了各种形式图式后，在阅读各种文章时才能做到迅速调动相应的形式图式，尽快理解文章的大意。三种图式在学习、理解、分析的过程中同时发生，相互弥补，对把握阅读文本的内涵、内容和整体脉络都起着非常重要的作用。

二、英语阅读中图式理论的功能

（一）选择功能

图式的选择作用是指在英语阅读理解过程中，对输入材料的加工有所选择。这主要体现为两个方面：一方面是对图式所产生的预期做出证实性的选择；另一方面是对输入材料加工重点的选择。输入读者大脑中的信息重要性具有不同的等级，有些处于中心地位，有的则围绕这个中心存在于周围。而图式能够帮助读者选择其中重要或者不重要的内容。这正是因为图式是一种有层次的结构，可以在恰当的时机帮助读者总结和概括所读到的信息。

（二）预测推理功能

图式理论的预测推理功能指的是读者根据已有的知识和经验，对一些事物进行预测、推断。图式能够帮助读者推导出文中没有明确表述的信息。在英语阅读理解中，一些材料中的语言表达所传递出来的信息很少，或者说很隐晦，使得学生在回答问题时不能从材料中直接找到答案，尤其是一些考察态度类型的题目，更是不易做出判断。此时，如果学生能够根据已读信息激发头脑中的相关图式，对阅读材料进行进一步预测、推理，对文本内容有更精确的理解，那么在回答问题时就能够找到精确的段落。

（三）信息处理功能

图式的信息处理功能就是对输入材料的选择、加工、补充、判断和推理。在英语阅读过程中，读者首先根据头脑中的已有图式知识对阅读材料进行加工选择。阅读材料在读者的头脑中是以层级分布的，就像一棵大树，树根是中心部分，也是英语阅读教学的重点知识；树干是支撑部分，细节教学都是围绕中心进行的；而树枝和树叶则是这些支撑的详细内容，却也是在阅读过程中常常被忽略的内容。所以，在英语阅读过程中，学生都是利用图式对阅读材料进行选择加工的，并与头脑中已有的图式相结合，以此为基础构建新的图式。

（四）记忆组织功能

图式的记忆组织功能主要是指图式有助于读者更好的记忆阅读材料，并在此基础上激发头脑中的已有图式，构建新的图式。由于图式是按照一定的规律构成或按照一定顺序排列在一起的，因此图式可以帮助学生更牢固地记忆先前学过的英语知识，并且能依据规律来拓展学生的阅读视野。图式描述了记忆内容的布局排列，即图式为读者提供了记忆中相关内容概念的轮廓。可见，头脑中已有的图式知识在一定程度上能够起到促进学生理解语言的作用。读者对阅读材料理解的越深刻，记忆的时间就会越长，这是由于读者根据记忆对信息进行了重新组织，并且和过去的经验相结合。这给了广大英语教师一个提示：可以利用图式的这种特点，帮助学生系统地回忆以往所学过的阅读材料中的各种图式信息。同时，也可以鼓励他们自主地丰富教材中没有但相关的阅读信息，并督促学生去重新建立那些已经遗忘的知识结构。

（五）优化输入功能

认知过程是一个信息加工的过程，英语学习必须要有足够的信息输入，并在输入足够的语言信息的基础上通过内化语言规则的释意活动才能输出。对于阅读语篇的理解（语言输入）有两个层次，首先是枝干、枝叶理解，即对文章表层的理解；其次是文章的深层理解，即对作者写作意图及文章思想性的理解。图式在英语阅读理解过程中起到辅助网络的作用，用它来呈现文章的结构脉络，能培养学生的扩散性思维和语言运用能力。

三、图式理论应用于高校英语阅读教学中的策略

（一）强化母语媒介

在某些情况下，母语思维能进一步促进外语的学习。研究证实，二语学习者在整个学习过程中都无法摆脱对母语思维的依赖，母语思维对二语学习的促进作用往往大于其阻碍作用。在高校英语阅读教学的实践中，学习者都已经成年，母语知识的系统趋于稳定，母语理解的能力也更为稳定。母语知识的影响已经根深蒂固，容易造成对英语学习的顺向迁移。

高校英语教学的目标是培养学生的综合应用能力，而英语的阅读教学是促成这一能力养成的重要环节。通过对图式理论和阅读教学的系统研究，可以认识到，图式理论框架下的阅读是强调读者已有的图式知识与阅读文本互动的过程。学习者已有系统的母语背景知识对阅读理解有着深刻的影响。因此，在高校英语阅读教学中，应当首先考虑建立以母语为平台或媒介的教学策略。

（二）建构图式网络

根据图式理论，图式可归为三类：语言图式、内容图式和形式图式。阅读时文本内容与读者头脑中的三种图式互相作用，而作用的结果在很大程度上决定了读者对文章的理解。基于以上观点，应当利用综合图式网络来指导高校英语阅读教学，成功帮助学生建构有效的图式网络策略，并引导学生对语言及非语言材料进行分解，通过选择比较典型的材料给学生阅读和讨论，结合实际运用来提高他们的阅读技巧和阅读能力。

（三）快速激活图式

阅读是一个积极主动思考、理解和接收信息的行为，是读者对于语言材料进行视觉处理的一种极为高级的神经系统的心理活动的过程。在这个过程中，人的大脑要对信息进行搜索、选择分析和演绎推理，使得输入信息与读者原有的知识结构产生一定程度的相互作用，大脑会经历一系列的“图式的活动”，

包括激活、同化和异化等。在高校英语阅读教学过程中，是否能有效地激活图式对阅读过程中的判断和推理尤为关键。学生的头脑中已经接近存在着各种各样的图式。但是，大多数学生在阅读过程中都没有意识到要调动这些已经有的认识结构去理解文章。因此，教师的责任就是要充分快速地调动和激活已经存在于学生大脑中的图式。以下介绍一些在教学实践中运用到的可以快速激活学生原有图式的策略：

（1）有针对性的提问，这被普遍认为是引起学生兴趣、激活学生背景知识的有效方法。

（2）集体自由讨论。在阅读教学中，适当地进行集体自由讨论能够加强学生之间以及学生和教师之间的良好互动，有效地渲染课堂气氛。以自由讨论中的“头脑风暴”为例，具有几个比较显著的优点：首先，对教师事先准备的要求不高；其次，自由发挥的空间也比较大，学生可以自由地运用到自己脑中已有的知识；另外，整个班级都能积极地参与这个活动中，因为几乎所有的答案都是可接受的，并且能归到某个类别中，因此，也不会有任何学生会对此感到恐惧。而且，如果需要的话，教师可以在活动中通过一些暗示进行引导，学生就会不知不觉地向教师需要的方向进行，从而迅速激活学生头脑中的已有图式。

第二节　关联理论

一、关联理论的内涵

交际是人类最普遍的社会现象之一，在复杂的现实中寻找相似性和关联性是人类的一种高级的认识活动。斯波伯和威尔逊（Sperber&Wilson）根据人类认知的特点，在两人合著的《关联性：交际与认知》（*Relevance*：*Communication and Cognition*）中提出与语言哲学、交际学和认知心理学有关的关联理论。他们首先把交际活动（包括言语交际和非言语交际）归属为认知活动，为认知语用学奠定了理论基础。斯波伯和威尔逊从语言哲学、认知心理学、交际学等多学科的角度对语言交际做出解释，将认知与语用研究结合起来，将语用学研究的重点从话语的产出转移到话语的理解，指出语言交际是一个认知—推理的互明过程，对话语的理解就是一种认知活动。这本书还提出了关联原则和最佳关联假设，关联理论认为交际的成功取决于两个条件：（1）交际双方的“互明”；（2）交际是一个认知—推理过程，交际双方之所以能够配合默契，明白对方话语的暗含内容，主要是因为有一个最佳的认知模式——关联性。一般而言，要深刻领会关联理论的内涵，必须清楚下面三个概念。

（一）明示—推理模式

符号理论认为，语言和交际是一个问题的两个方面。语言是一种语码系统，其基本功能是交际功能，因此交际过程就是语码的转换过程。哲学家和语言学家根据这种符号学的观点，建立了普遍的原理来解释交际过程，这就是长期在交际理论中占据统治地位的语码模式。虽然语码模式具有一定的明示解释力，但对于言语交际，语码模式的解释显得乏力，因为理解话语，尤其是具有文化内涵的话语，所涉及的远远不止语言符号的简单编码和解码过程。

许多语用学家都认为言语交际应是一种推理交际，是听话人识别说话人意图的过程，这一过程就是一种依赖语境的推理过程。结合以上两种模式，斯波伯和威尔逊提出了明示—推理交际的概念。"明示"和"推理"是交际过程的两个方面。明示是对说话人而言的，说话人通过某种使听话人"显映"（manifest）方式进行编码，表达意图，是指说话人明确地向听话人表示意图的一种行为。如果听话人能明白说话人所做的明示行为，那么这种明示行为在听话人那里得到"显映"。推理是对听话人而言的，听话人凭说话人所提供的明示，再结合听话人本身的认知语境（旧信息）对话语信息（新信息）进行推理，最终达到对话语信息的正确理解。

（二）语境效果

语境效果，就是话语所提供的信息和语境之间的一种关系，它对描述关联有至关重要的作用。话语是否具有语境效果是关联的必要条件。在语言交际中，听话人建立并处理和话语相关的语境假设，形成一个随时间的推移而变化的认知环境。如果听话人在一系列语境假设中寻找到话语的关联性，就话语取得了语境效果。话语是否具有关联性，可由它经过推理而获得的语境效果来判断。语境效果与话语的关联成正比关系。在其他条件相同的情况下，语境效果越大，关联性就越强。

（三）最佳关联

关联理论认为，话语和语境之间存在着关联性，人们基于不同的语境假设进行推理，对话语就会有不同的理解，为了取得语境效果，就必须寻找话语和语境之间的最佳关联。最佳关联可以理解为：说话人为使听话人懂得自己的意图，总是以明白无误的明示方式表达信息；听话人为了解说话人的意图，必须将信息纳入无误的明示—推理模式中进行推理。演绎推理的重要依据就是获取信息和语境的最佳关联。寻求最佳关联实际上就是人们在语言交际活动中自觉遵守一条关联原则：每一种明示的交际活动都应设想为这个交际活动本身寻求最佳的关联性。

那么，什么才是最佳关联？如前所述，语境效果和话语的关联成正比。在其他条件相同的情况下，语境效果越大，关联性越强。但是，语境效果不是确定关联的唯一因素，因为语境效果由心理过程产生，心理过程包含听话人处理话语所做的努力——时间和精力的消耗。因此，确定关联的另外一个因素是处理话语时所付出努力的大小，与关联的程度成反比。即如果一个命题在某个语境假设中的语境效果大，那么这个命题在这个语境中的关联性就强；如果一个命题在某个语境假设中所付出的努力小，那么这个命题在这个语境中的关联性就强。

由此可以看出，在其他条件相同的情况下，语境效果越大，关联性越强；在其他条件相同的情况下，处理话语的努力越小，关联性越强。话语的关联程度就取决于话语所具有的语境效果和处理话语时所做的努力这两个因素。如果话语能够产生足够的语境效果，而听话人又只需付出最小的努力，那么话语就具有最佳关联性。

二、关联理论与英语阅读的密切关系

关联理论认为，人们之间的交际要以一定的关联原则作为认知的基础，才能最终成功完成交际。在关联理论中，关联原则包括了两个阶段的原则：第一原则又称为认知原则，第二原则即交际原则。其中，第一原则是指说话者要尽力使自己的话语具有最大关联性；第二原则是指在第一原则的基础上，使得人们在交际过程中对其话语的理解最大程度上接近于最佳关联。英语阅读理解过程也是一种心理认知过程，只是形式上比较特别，它是作者与读者之间使用书面的语言文字进行的一种交际方式。作者在写作的时候，仍然希望向读者传递某些具有最佳关联性的信息，而读者必须顺利理解文章中的上下语境提供的信息，通过处理来获得最佳关联性，从而正确理解文章内容，才能取得交际的真正成功。文章作者这种非口头形式的话语所要表达的意图与说话者的意图是一致的，只是面对面的言语交际更能够帮助听话者预测出足够的语境效果与关联性，一旦出现理解偏差，说话者可以随时调整自己的讲话方式，以便使双方交际更为流畅顺利。阅读理解虽说本质上是一致的，但是它的作者和读者毕竟不是面对面的，这就增加了双方交际成功的阻力。如果作者传达的关联性不能为读者所把握，就会使阅读理解变得很复杂，甚至使读者误解文章意思，从而造成交际的失败。

因而，从关联理论的框架来说，英语阅读绝对也是一个互动交际的过程，只是交际成功比口语具有更大的困难，只有当作者与读者之间真正达到互动性，读者顺利找到理解文章的最佳语境和关联性，英语阅读理解才算是真正成功了。从这个意义上说，英语阅读理解的过程就是作者先提供具有假定关联性的语境，然后读者再付出一定的努力找到此最佳语境和关联性的互动过程。此外，英语阅读需要关联理论中的推理过程，因为任何一段文本都含有言内之意和言外之意，读者要成功把握住两者间的关联，必须通过推理判断来完成，从而顺利实现作者与读者之间的互动交际。由此可见，关联理论对于英语阅读理解具有很大的帮助作用，可以通过教学生关联理论来帮助发现他们在英语阅读理解中存在的问题，并用以分析问题、解决问题，从而提高高校英语阅读教学的水平。

三、关联理论影响下的高校英语阅读教学

第一，转变教师对英语阅读教学语境效果的认识。关联理论认为，语境就是理解某个话语所使用的各个前提的集合。值得注意的是，关联理论所说的语境含义既不是分析某假设而来的，也不是综合某几个假设而来的，而是新旧信息相互作用的结果。因此在英语阅读过程中，母语信息的关联性是确定的，而语境是可变的。英语教师必须明确的是：文章的阅读语境不完全是由作者事先选定的，而是在交流中由读者新构建的。寻找关联性不是理解明示行为的最终目的，而是一种手段，只有当交际者用它积极地选择最恰当的语境，才能使被处理的信息达到最佳关联。书面语篇是没有任何外部语境的。依据中外语言阅读教学的经验，有效的阅读并不依赖于所有语言成分的精确辨认，而在于能否利用语言输入信息提供的线索，构建新的语言信息语境，并通过对新信息的语境认知，做出准确的理解判断。例如：

（1）What a day!

这是一句十分常见的英语句子，对此，可以做出两种完全不同的理解：①当外出旅行时，突然下起大雨，迫使要改变旅行计划，这时“What a day!”可以理解为“这个鬼天气!”。②当外出旅行时，见到晴空万里，心情十分愉快，这时“What a day!”可以理解为“多好的天气啊!”。反差如此大的理解结果，完全是由于说话时的语境不同而造成的。所以，对话语的理解必须和说话人当时的真实语境联系起来。再如：

（2）In reading，we should let our eyes rest once in a while.

（3）We go to the church once in a while.

“once in a while”在（2）和（3）中有不同的含义，尽管它们的语法结构完全相同。要正确区分和理解这个短语在不同句子中的用法，必须从句子本身提供的关联信息来做出推断。在（2）句中有一个隐含的动作——“阅读”，与这个动作有关联的是“眼睛”，在阅读过程中，眼睛是阅读最重要的手段，眼睛的运动特点是需要间隙休息，不能持续时间太长。所以“once in a while”在（2）中可以理解为“每隔一会儿”；然而在（3）中，根据“去教堂”做礼拜的信息推测，“去教堂”的动作表现出一种习惯性意义，不可能是一种间隔性，“once in awhile”就可以理解为“偶尔”，而不表示“每隔一会儿”的意义。

从上述例子不难看出，在任何阅读材料中，书面语言符号都已将作者的思想、意图隐含在其中。英语教师在引导学生进行英语阅读的时候，一方面需要指导学生通过对语言知识的了解去辨识字、词、句；另一方面学生需要结合自己的认知和经验，结合真实的语境，让那些死板、无生命的字符释放出生命、感情和真实的意义。在从无生命到有生命的过程中，自然、真实的语境是让文字活起来的环境，关联性是文字的激活器。在传统的高校阅读课的教学中，由于对语境的理解存在片面性，多数学生甚至一些英语教师都认为，字、词、句才是文章理解的关键，只要了解和认识了英语单词，具备相应的英语语法，就能实现对文章的正确理解。然而通过对关联理论的了解，英语教师应当更明确了在高校英语阅读教学中，寻找语言语境关联性的重要意义和价值。这样在英语阅读教学中，教师就能积极指导学生学会如何通过各种努力将无生命的字符放到真实的语言和认知环境中去思辨和推断的技能，只有这样，高校英语阅读教学的目标才能得到真正实现。

第二，英语教师要运用关联理论来帮助学生更好地理解阅读语篇中的词汇含义，克服阅读过程中出现的对于词义的误解现象。之所以出现这种现象，是因为很多单词的意思不是简单地按照词典解释就可以的，必须放在语篇的上下文中去理解其最佳含义，必要时还要根据语境等进行一定的假设和推断，从而获得最佳的语境含义。在实际阅读过程中，学生往往习惯于全篇通读文章，既浪费时间，又会在某些多义词或歧义词上卡壳，这样会严重影响阅读理解效率和效果。针对这种情况，教师应该告诉学生，要使用关联理论来理解阅读文章中的词汇含义，不仅是其表面意思，还要能推断出其隐含的意思，这样才能真正提高学生的阅读能力。因此，通过关联理论来帮助学生掌握更多的词汇，更好地掌握必要的词汇是非常有帮助的。

第三，由于英语阅读是作者与读者之间的互动交际行为，因此，教师在讲解阅读理解的时候，不能单从读者方面考虑，也要从作者写作的角度来讲解阅读，可以先讲文章的体裁风格，帮助学生建立一定的语篇图式结构，从而增强对语篇理解的准确性。在讲解文章段落的时候，教师要明确告诉学生，一个好语篇的目的性很强，是为一个主题而服务的。因此，教师要引导学生学会寻找文章的主题句，并引导学生分析句与句之间的关系，搞清哪些句子是中心句，哪些是补充说明型的句子，从而教导学生通过关联理论来获得对文章的最佳理解。

第四，英语教师要培养学生对英语文章连贯性的认识与理解。文章的连贯性是指字词语义粘着方式或连贯性。文章中的句子跟文章的主题和语境必须是相关的，表现主题的句子也必须是连贯的。文章正是通过衔接和连贯的手段组合而成的，有了连贯，才能使文章更具意义。由于句子之间存在多种语义关系，在高校英语阅读教学中，需要学生以上下文的语篇段落作为推理依据，从语篇推导语境并以此激活学生的认知图式，得到精确阅读的目的。因此，培养学生具备语篇连贯性的认知能力就显得十分重要。

文章连贯的重要特征之一是：上一个段落为下一个段落提供认知语境。因为作者在文章的创作时，已经预先设定这个阅读交际行为的最佳相关性，学生只有在进行阅读时，通过自身努力寻找文章段落所存在的关联性后，才能正确理解作者创设的语境效果。根据这个观点，英语教师应该强化学生对文章连贯性的认识和理解，培养学生在英语阅读中获取片段信息的能力，下意识引导学生找出文章一个语段与它前一个语段之间在命题上存在的连接关系，并将这些片段信息串起来，根据前面语段所提供的语境假设，逐步推导文章的意义。有了对英语文章连贯性的正确认识，英语教师就能积极、科学、有效地引导学生正确阅读，改变逐字逐句进行阅读讲解的陈旧方式。

第五，提高学生对文章句式风格的欣赏能力。过去人们认为文章的句式风格纯粹是作者的一种特权，因此往往只在阅读完成之后才去分析和欣赏文章的风格。其实文章的句式风格是一种交际定格，也就是说，是一种交际方式，这种定格可能会因交际对象、交际目的、交际场合甚至情绪、态度的不同而不同。关联理论认为，选择句式风格是说话人或作者无法回避的问题，但必须要以寻求交际双方关联性的为基础。在选择句式风格、寻求关联的过程中，作者首先必须对读者的认知能力和语境资源做出某种假设，并在他所传递信息的方式上得到体现。只有交际双方处在彼此认同的认知环境假设中，双方的交流才可能是成功的，否则将导致失败。

所以在高校英语阅读教学中，教师应该十分关注学生与作者之间的共享背景知识的学习，增加对文章作者相关知识的认识和介绍，从提高学生对阅读文章的句式风格欣赏能力的角度，为学生的英语阅读理解作更多的知识铺垫，引导学生努力去接近英语阅读交流的条件和环境，寻找英语阅读理解的最佳关联性，实现成功阅读。

第三节　交互阅读理论

一、交互阅读理论的内涵

交互阅读是国外阅读研究界在 20 世纪 70 年代末提出的阅读理论，该理论认为阅读是自上而下和自下而上的不断交叉的过程，即来自书面文字的视觉处理和来自大脑中已有知识或背景知识的非视觉处理的有机结合。交互阅读为阅读研究开辟了新的领域，为阅读教学提供了更广阔的视野。作为阅读教学的指导者只有学习并掌握该理论，才能用该理论有效地指导学生进行高质量的阅读。

交互阅读的一种观点是读者与语篇的相互作用。具体来说，读者的心理与外在语篇的相互关系，阅读激活读者心理的知识世界，并被语篇所提供的新的信息修改和延伸。这一观点对语篇提供的信息和读者心理的已知信息进行了严格的区别。阅读过程是这两部分信息的互为补充，并最终丰富和充实了读者的世界知识。正如有的学者所言，阅读是读者与语篇之间的对话。这种阅读观的理论依据之一是古德曼（Goodman）的心理语言猜测过程，这一过程始于作者编码而成的语言表层表征，终于读者构建意义，其间为语言与思维的相互作用。另一依据为图式理论的发展，其哲学渊源为康德的新的信息、概念、思想只有与个人已知事物产生联系时才有意义。这一观点运用于阅读研究则强调读者的背景知识在阅读过程中的重要性。此模式认为读者不是被动地接收信息，而是主动地根据他们已有的背景知识（语言知识及与文章的相关的文化背景知识和文体知识）去进行意义的构建。换言之，意义的建立不完全依赖于对语言本身的理解，无法脱离读者而独立有在。读者与语篇间不断的相互作用才能建立完整的意义。

交互阅读的另一种理解为较低层次阅读技能与较高层次阅读技能的相互补充以处理和理解语篇，是各种阅读技能共同处理语篇的过程。交互阅读理论试图解释个体在阅读中存在的差异性。阅读过程中存在不同等级层次的技能和信息，这些技能从低级到高级包括字母、单词的辨认，句子的理解，衔接手法，段落结构，语篇话题，推理等。而句法、语义、词汇、拼写等信息能影响语言的感知，而一种技能的不足可以由另一种技能来弥补。交互式阅读能以较高层次的技能和信息影响低层次处理和分析，语篇的推理和单词的辨认可相互影响，互为作用。但是高级技能的理解（句子和语篇）需要更多的认知能力，从而减少了读者对文章整体的注意力。这种观点认为读者不仅要熟练掌握低级技能如字母、单词的辨认，高级技能如句子的理解，掌握文章的衔接手法，段落结构，语篇话题，推理等等，还需要有综合应用这些知识的能力。也就是说读者这两方面的知识在阅读中应该形成互补。在此，阅读策略，即灵活应用各个层次的知识的技能在阅读中起重要的调节作用。

二、交互式英语阅读教学的积极意义

（一）促进思维和语言的发展

长期以来，外语教学注重语言知识的学习，忽视语言的交际功能。自从 20 世纪 80 年代末到 20 世纪 90 年代，交际教学法盛行于中国外语界，语言课堂的组织开始注意创设语境、丰富课堂活动来使学生应用所学的语言进行交际，学生的听说能力得到加强，课堂教学比以往填鸭式教学生动。虽然在中国大班教学的环境下很难从以教师为中心真正转变为以学生为中心的课堂，但交际教学法的倡导已经大大改观了中国的外语教学。尽管如此，语言专业的学生在写作文时的思维模式单一、缺乏批判性思维能力等现象使我们不得不考虑，语言教学中培养学生的交际能力是否应作为唯一的教学目的，教育的最终目的是培养会思考、会学习的独立的人。只有把这一宗旨应用于英语教学之中，才能实现教育的根本目的。

交互式的英语阅读教学提供机会使学生的思维与语言产生交互，教学中，教师安排学习任务，使学生在阅读的过程中，以及把阅读后思考的内容用英语表达出来，这就促进了思维的发展，提高了语言的应用能力，最终促进语言技能的全方位提高和达到教育的目的——培养会思考的人。

除此之外，还可以在英语阅读教学中培养批判性思维。阅读英语篇章时，学生接触到大量的西方文化，通过对中西文化的对比思考和学习讨论，学生会逐步形成对事物二元性或多元性的观察和理解，最终形成批判性思维能力，而这一能力是创新能力形成的基础，对学生来说终身受益。英语教学正是培养批判性思维最有利的土壤，尤其在阅读理解课堂中，丰富的知识信息容易刺激学生的思维，产生不同的理解和认识，当把不同的理解和思考融会在讨论中时，就发展了学生批判性思维能力。

（二）提高学生对阅读的兴趣

高校英语阅读教学中，教师逐字逐句地讲解和翻译现象大量存在。这也反映了学生薄弱的专业知识基础。有许多教师在泛读教学中发现学生对文章如果不细致讲解甚至翻译出句子的意思，就不能理解文章，或很好地理解，为了迎合学生的要求，教学上只好放慢速度，力求讲解清楚，使学生不再感到困惑。这从长远发展学生的阅读技能和外语水平来说，反而起到了阻碍作用。学生没有形成良好的阅读习惯，保留了逐字逐句阅读方式，导致阅读速度慢，从而无法坚持大量阅读，一碰到困难，就停止不前或依靠教师。越是基础差，越容易对阅读失去兴趣。要从根本上解决这个问题，就要在教学中力求培养学生对阅读的兴趣，提高阅读速度，使学生自觉自愿地进行课外阅读，从而提高英语阅读水平。

交互式的英语阅读教学以对文本内容的理解和思考作为教学重心，注重个体差异，充分发挥学生主观能动性，注意教师与学生、学生与学生之间的交互，每个学生都有发言和表现的机会，再加上教师鼓励学生充分地思考，课堂上教师接受不同的答案或回答，学生对英语阅读的兴趣就会逐渐得到提高。

（三）增强课堂活力，提升教学效果

在传统的以教师为中心的课堂教学中，课堂互动主要是师生间的互动，课堂气氛沉闷。而今天英语课堂上的小组活动已经是常见的课堂组织形式。社会心理学的研究成果证明，团结和谐的集体会产生积极的效果。通常在缺乏凝聚力的班级中，学生也缺乏集体精神，互相之间较为冷漠，大多数学生我行我素。教师也感到教学组织困难，课堂缺乏活力，这大大影响了教师的情绪以及课堂活动的开展，最后影响了教学效果。

在交互式英语阅读教学中，教师提供机会让学生之间在课内、课外进行大量的交流，并且合作完成学习任务，促进了学生之间的相互了解，从而增强了班集体凝聚力。学生对自己和英语阅读学习有了积极的看法，学习中充满活力，也使得学习效果大大提升。

三、基于交互阅读理论的高校英语阅读教学实施

第一，教师应该转变教学观念，了解研究阅读理论，用交互阅读理论来指导阅读教学。英语学习的最终目的是用英语获取信息，而阅读则是获取信息的重要途径，因此，培养学生较强的阅读理解能力是高校英语教学的主要目标。

但是要使交互阅读模式在课堂教学中产生理想的教学效果，首先得改变教师的阅读观，教师对阅读教学的认识直接影响其课堂教学模式，教师对“怎样教阅读”这一问题的回答决定了课堂活动的进行、阅读方式的设计。如果教师认为学习阅读应先掌握单词的发音和拼写词义的辨别，其次理解分析句子结构，最后才是理解语篇和作者的观点，那么这样的阅读教学势必重视语言基本技能的培养，学生在阅读课堂中所学的是如何解码语篇的基本单位，是典型的自下而上的阅读教学模式。相反，如果教师认为学习阅读始于意义解读，学习在具体的语境中识别单词的含义，并在阅读过程中积极进行预测，则此阅读观指导下的阅读教学为自上而下模式，阅读课程的设计则体现如推断、概括、预测等高层次技能的培养。而当阅读教师认为阅读既以一定的语言知识低层次技能的培养为基础，同时又需要背景知识和高层次语言技能参与语篇的解释，则其阅读观为自下而上和自上而下策略的相互作用，依此观点设计的阅读课既注重语言基本知识和技能的培养，又能引导学生运用自上而下的阅读策略。

第二，教师应该鼓励学生积极阅读，大胆做出合理的猜测。交互阅读理论表明，学生在阅读理解过程中虽然在一定程度上是自动化加工（如对字、词的辨识），但更多的是通过激活已有知识对文章进行主动的、积极的加工，因此，越是积极的学生其阅读理解就越好。积极阅读的方法有很多，如对所读文章不断地提问，把所读文章与已有知识联系起来激活原有图式积极思考文章的含义，用自己的语言表述文章的思想等。学生的阅读理解带有一定的猜测性，但这种猜测不是胡乱的猜测，而是以输入刺激为基础、以已有知识为背景所做出的对文章思想的预期，并在阅读过程中不断地从文章中寻找证据以验证自己所做出的预期。据此，在英语阅读教学中，教师应鼓励学生一开始就做出预期，如预测下文要讲什么、预测文章中人物的行为、猜测文章中事件的因果序列、推测人物的动机等积极阅读，从文章中寻找证据证实或调整自己的预期。

第三，教师应该加强阅读策略的指导，为学生的终身学习奠定基础。阅读理解的成功不仅依赖读者的背景知识、课文结构，也依赖读者在阅读过程中所采用的阅读策略。优秀的读者在阅读过程中能够依据自己的阅读目的而调整自己的阅读行为，采用不同的阅读策略。优秀的读者在阅读前或阅读后激活一种图式，通过评价信息与篇章的整体结构，从篇章中理解主旨信息，在阅读中始终保持着课文意义的记忆，并且利用阅读中收集的信息来预测进一步的意义。有效的阅读策略不是与生俱来的，是后天在阅读中逐渐学会的，因此，在高校英语阅读教学中，教师要及时发现和总结学生中好的阅读策略，通过实际阅读教学活动教授有效的阅读策略。

教师应该首先研究学生的阅读策略，并在课堂教学中加强对各种阅读策略的渗透和有意识的训练，把阅读策略教学作为整个英语阅读教学的有机组成部分。在阅读中教师应该鼓励学生经常对自己的阅读进行反思，帮助他们认识、比较、鉴别和总结阅读策略，体会和认识使用与不使用阅读策略的异同，启发引导学生在阅读时使用多种阅读策略以切实提高阅读能力；教师还应该帮助学生制订合理的阅读训练计划，培养学生的自我评价能力，把阅读策略的有效使用作为衡量阅读进步的一个重要指标。除此之外，教师应该关注学生的阅读过程和方法，周密设计阅读活动和任务；选择有利于训练阅读策略的阅读材料，以便向学生展示有关阅读策略，帮助学生练习并掌握这些策略，形成综合使用多样阅读策略的能力。在大学阶段开设英语泛读课程，鼓励学生扩大课后英语阅读的量和面；学生通过大量阅读和多样的阅读，实践、巩固和内化已学到的阅读策略。

交互阅读理论突出了读者在阅读中的主动参与，突出了读者的语言知识、背景知识和阅读策略在阅读中的综合作用。运用该理论开展课堂教学理应是培养阅读能力比较可行的方法。当然进行交互阅读教学还有更多因素的制约，如相应的阅读教材，而且已习惯于传统阅读课堂模式的学生可能难以立刻改变其在阅读课堂中的角色。因此对教师而言，不仅需要增加自身对阅读理解的认识，树立相应的阅读教学观，更需要在教学中充满耐心和信心，才能切实提高阅读教学的质量。

第四节　建构主义理论

一、建构主义理论的内涵

（一）建构主义的基本含义

建构主义又称作结构主义，是认知理论的一个分支。20 世纪心理学界的两大巨人皮亚杰（Piaget）和维果茨基（Vygotsky）以及他们的追随者美国著名的心理学家和教育心理学家布鲁纳（Bruner）从心理学角度诠释了建构主义。认识发展领域最有影响的瑞士著名心理学家皮亚杰于 20 世纪 60 年代在运用内因和外因相互作用的观念研究儿童的认知发展后认为，儿童的认知结构即图式是通过同化和顺应两个基本过程逐步建构起来的，并在“平衡—不平衡—新的平衡”的无限循环中得到不断地丰富、提高和发展。[①] 同化是主体把外界刺激所提供的信息整合到自己原有认知结构的过程，顺应是指个体的认知结构因外部刺激的影响而发生改变的过程。可见同化是认知结构数量的扩充，而顺应则是认知结构的性质改变。认知主体就是通过同化和顺应这两种形式来达到与周围环境的平衡。个体的认知发展与学习过程密切相关，因此利用建构主义可以较好地说明人类学习过程的认知规律，即能较好地说明学习如何发生、意义如何建构等。

（二）建构主义学习观

建构主义理论提出了自己独特的学习观，认为学习是学习者以原有认知结构为基础的主动建构的过程。对学生来说，是以学生已有的知识和经验为基础，通过个体与环境的相互作用（同化和顺应）主动建构意义的过程。“意义”是指事物的性质、规律以及事物间的内在联系；“建构意义”就是对当前学习内容所反映的事物的性质、规律以及事物间的内在联系达到较深刻的理解，其长期存储就形成当前所学内容的图式。换言之，学生获取知识的多少并非取决于他们记忆和背诵教师讲授内容的能力，而是取决于其根据自身经验去建构有关知识意义的能力。由此可见，学习是一个主动建构的过程，是通过已有的认识结构或图式对新信息进行加工而成的。在这个加工过程中，每个学习者都在以自己原有的经验系统为基础对新的信息进行认识和编码，建构自己的理解，原有知识由于新经验的介入而发生调整和改变。同时，学习的过程也是通过高级思维活动解决问题的过程。建构主义主张“通过问题解决来学习”。学习应该通过学习者的高水平思维活动来实现，而不是简单地沿着记忆的流程进行。知识的建构是通过新、旧知识经验的相互作用而完成的，在“问题解决”这种高水平的思维活动中，学习者既要不断地围绕当前的问题解决活动获取有关的信息，又要不断地激活原有的知识经验来解释当前的有关现象，形成新的假设和推论，并通过一定的方式对此做出检验。在这种活动中，新旧知识经验的相互作用得以充分展开，这为知识的建构提供了理想的途径。最后，学习是一个交流与合作的过程。建构主义重视社会性相互作用在学习中的作用，认为“情境”“协作”“会话”和“意义建构”是学习环中的四大要素。其中，“意义建构”是整个学习过程的最终目标，而“协作”这种社会性相互作用的主要体现形式就是交互式教学和合作学习。

---

① 王大顺，张彦军．发展与教育心理学［M］．西安：陕西师范大学出版总社有限公司，2015：27.

（三）建构主义理论提出新的“教”与“学”的理念

既然学习不是学生被动接受知识的过程，因此建构主义原则上否定了知识传授的可能性。教师的讲授表面上是传授知识，实质上只是在促进学生建构知识而已。因此教师的教学只是为学生的建构提供建构知识所需要的环境、情景和时间上的保证。学习者是意义的主动建构者，建构主义提倡在教师指导下的、以学习者为中心的学习，既强调学习者的认知主体作用，又不忽视教师的指导作用。英语教师要创设与英语教材内容相关的情境，针对所要学习的内容设计出具有思考价值和启发意义的问题，让学生去思考，去尝试解决。这就要求英语教师尽可能采用与现实生活息息相关的真实材料，创设好的问题情境，让学生在情境中产生各种疑问和设想，从而参与问题解决，使整个教学活动由“教师讲授为中心”向“问题讨论为中心”转变。这种教学有人也称之“抛锚式教学”，即以真实事例或问题作为“锚”。有时也被称之“实例式教学”或“基于问题的教学”。同时，教师应帮助学生对所学内容进行分析和理解，而不是简单地告诉学生结果和答案，要培养学生主动建构的能力。

总之，教师不只是专业知识的源泉和导师，还应该是学生学习的辅助者、课堂活动的协商者、参与者和合作者及心理支持者。在英语阅读教学中，应彻底摒弃“填鸭式”的教学方法，使教学由“知识传授型”向“综合思维能力训练型”转变，学生由被动接受知识变为主动获取知识、建构知识，促进其人文素质和创新能力的发展。

二、建构主义理论指导下的高校英语阅读课堂教学设计

（一）阅读前

学生与话题相关的原有知识越多，阅读理解的难度就越小。因此，在进入文本阅读之前，教师需要围绕文本话题设计问题，激活学生原有的知识，使其与将要学习的新知识建立联系。教师通过放录像或多媒体课件的一些实际情境内容来导入新课。这是引导学习者主动建构内部心理表征的学习过程，既包括结构性知识，又包括大量的非结构性的经验背景。这时，学生会根据原有的认知结构和背景知识，试图同化新知识与学习者认知结构中已有的适当观念，建立非人为的实质性联系。此时，教师指出该情境主要是要解决什么语言问题，使学生思考的目标明确，并安排几分钟时间给学生浏览课本，把组织的信息呈现给学生。这个部分也可称为“读前热身”。

（二）阅读中

完成了“读前热身”，教师把学生分成若干小组进行讨论，这是建构主义提倡的学生与学生之间的社会性相互作用，即合作学习。学生在小组中的发言，是他们对新知识同化后的认知结构，由于各自不同的建构，发言也各异。每个学生的发言，都是在以自己的经验为背景建构对事物的理解，通过讨论，可以使他们了解彼此的见解，从而形成更全面的理解，以利于学生的知识建构。

这个环节需要注意的问题有两个：一是教师应避免设置过难或过易的问题；二是学生需明确合作目标和任务。教师应当依照阅读材料的内容分配合作的具体任务，使得每个小组的成员都能够清楚自身的学习任务、自己在小组当中所担任的角色，并且根据任务自己制订计划。

（三）阅读后

各小组就讨论的结果，派代表到讲台上发言。教师在这个环节应注重适当启发和鼓励发言不积极的同学，防止代表发言沦为“个人脱口秀”。发挥教师主导者的作用，随时查看学生的进度和方向，使之朝着共同的阅读教学目标进行。通过这样的代表交流，学生的学习信息得到了反馈。对学生而言，可以不断地反思和深化自己的阅读思考过程，有利于学生建构能力的发展。就教师而言，了解学生的建构状态，为下一步的指导提供依据。

小组合作学习结束之后的总结评价和活动当中的交流反馈虽然都可以算作评价，但是两者的效果是不同的。前者着重于整体方面的评价。教师不仅要注重交流反馈，还要注重活动之后的总结；不仅总结这次活动中所生成的良好经验，还要针对性地点评活动中存在的问题，帮助学生整理思路。在交流反馈之后，教师适时地进行情感教育，引导学生树立正确的人生观、世界观、价值观。无论什么样的阅读文本，只要教师课前用心挖掘，就能体会到文本的精彩之处，达到启发学生思维、丰富情感体验的目的，促成阅读教学的深化，使学生对知识的理解更丰富，学习思路更清晰，从而促进学习的广泛迁移。

三、建构主义理论指导下高校英语教学的有效策略

（一）创设情境，激活图式

建构主义理论认为学生要积极参与意义的建构，阅读学习不是对学生在记忆资料方面进行训练，而是让他们学会以各种方法使用所学知识，是一种技能

提高、知识积累的过程。教师的重要任务就是帮助学生建立或激活所学知识，然后再激发学生进一步思考。总之，教师应该着力扩大学生背景知识，以激发学生阅读兴趣，减轻学生的理解负担，建构新图式。

（二）搭建支架，训练技能

支架式教学是建构主义的一种重要教学模式。教师围绕主题建立一个相关概念的框架，通过该框架引导学生去学习相关的新知识，就像沿着脚手架向上攀登一样，使学生掌握、建构和内化能使他们进行更高水平的认知活动的技能。

（三）开展策略训练

阅读中常用的策略有推断、利用背景知识等。推断包括推断词义、句子隐含义等，为使学生掌握这一技能，教师需引导和监督，而对于一些有深刻隐含义的句子，教师可给予一定提示。利用背景知识来帮助理解课文是阅读中要掌握的另一重要策略。这也应和了建构主义关于意义是建立在新知识相互作用的基础上的观点。有些阅读材料的内容扎根于英美文化的土壤中，就需要教师不断地帮助学生建立新的图式，即建立相关背景知识。

建构主义认为，学习过程不只是点滴知识的简单积累，而是与人类思维方式循序渐进的发展过程密切相关的。英语教师在具体设计课堂模式时，应随着学生水平的提高力求体现方法和形式上的变化，即将思维发展及其与语言、环境的关系方法和形式上的变化，即将思维发展及其与语言、环境的关系和学习过程有机地联系在一起。在阅读课上，要使学生独立进行更高水平的认知活动，即提高其认知能力，对文章内容、作者观点等表达自己的见解。其方法是：（1）教师向学生提出的问题要有利于促进学生认知能力的发展而非纯知识性提问；（2）培养学生的发散性思维。

（四）互动学习，知识共享

基于建构主义的学习应该是一种社会性、交互性的协作学习。知识不仅是个体在与物理环境的交互中建构起来的，而且社会性的交互协作更加重要。在英语阅读课堂上，教师应该为学生提供有利的多向协作互动的学习环境。首先，教师要通过师生间的情感交流，达到亲其师、信其道的效果。其次，要强化生生互动，建立合作与竞争的生生关系。学生与同伴之间合作互动能引起学生智力的相互激发、情感的相互感染，这种师生与生生的互动也有利于学生的意义建构和学习自主性的培养。

（五）注重阅读课堂上口语表达的作用

建构主义倡导发现学习和探索学习，口语表达可以使学生根据问题进行探索、综合并整理他们的观点。师生之间、生生之间可以分享那些与阅读材料相联系的思想和观点。教师可以设计一些口语表达的课堂活动，如课下查阅资料准备教师提出的问题。学生要积极主动地通过互联网或其他途径查阅教师所提问题的相关的材料，归纳总结，然后形成自己的观点，在小组间或师生间分享自己的观点和心得。这样既可以扩大学生的阅读量，提高自己探索学习、解决问题和归纳总结的能力，又可以锻炼口语，让学生可以有一个展现自我的空间，也可以让学生组成小组，讨论阅读材料，共同分享观点。

（六）注重阅读和写作的关系

阅读和写作通常被看成是两个不同的过程，但这两者从建构主义出现起就已经结合在一起。与作者一样，读者与自己所读内容始终通过不间断对话的方式来构建意义。阅读和写作应该是互补的关系，写作可以帮助读者更好地理解文章，阅读可以扩展写作的视角和广度。所以教师可以设计一些把阅读和写作联系在一起的活动，如概要写作，通过写出一篇课文的概要，证明学生的阅读知识和理解深度；自由写作，在课前或在课堂上给定时间，让学生连续进行写作的活动，因为写作是一种复杂的意义构建和再现的过程，学生必须调动更多的信息，有利于对阅读材料的理解、欣赏和内化。

第三章 新时期高校英语阅读教学活动设计

教学活动设计是教学设计的一个重要组成部分。同样地，教学活动设计在英语阅读教学中也很重要，本章将介绍新时期高校英语阅读教学活动设计的主要内容。

第一节 教学活动设计概述

一、教学活动设计的内涵

教学设计是现代教育技术的一个重要分支，教学设计研究对提高课堂教学质量、提高教师教学理论素养和提高学生的实践技能具有极其重要的意义。

教学设计以促成有效学习的发生为目的，运用现代学习理论和教学理论、教育传播学等原理和技术，分析教学中存在的问题和需求，提出解决教学问题的方法和策略，实施设计、评价、不断改进设计的一个系统过程。教学设计是一个不断完善的过程，要求教师通过教学的实施评价自己的设计，找出问题，修正不足之处，然后改进自己的设计。

任何教学都应该始于需求分析，对学生的需求分析、教材的需求分析以及教育目标的需求分析。从某种程度上说，教学设计属于教学计划阶段的活动。教学计划是根据输入因素（包括学生的能力与需求以及资源等因素），在制定教学目标的基础上拟定课堂教学计划，而课堂教学是对教学计划的实践。

教学设计首先是对教学目标进行分析，根据课程目标和学生的起点行为（亦即学生的起始语言能力）确定课堂教学目标，然后设计教学策略，选择教学媒体，设计形成性评价和总结性评价。与一般理念上的教学设计不同，把用于总结性的评价测验题设计置于教学策略、媒体选择和形成性评价设计之前。也就是说，在确立学习目标时必须明确目标达成的评价方式，评价设计也必须与教学活动设计、教学策略选择同时进行，而不是学期、学年教学以后再开发评价试题。

那么，教学设计都包含哪些因素和环节呢？教学设计包含分析、设计和评价三部分。分析包含学习需求分析，主要是分析学习内容和学习特征，分析学习者的认知特征、语言基础，分析学习内容对学习者认知的需求；评价包括形成性评价和总结性评价，而作为教学设计中心的设计则包含教学目标设计、教学策略设计、教学技术设计和教学过程设计。

教学活动设计应该是教学设计的核心内容之一，教学活动融于教学策略和教学过程之中，但是与教学策略和教学过程有差别。教学策略包括课堂媒介语的选择和教学模式的选择和评价方式的选择等，教学过程包括教学中的导入、准备、展示、训练、应用和评价等环节的设计与调控。教学活动更多地用于培养听、说、读、写技能和认知、元认知、情感、交际策略等方面能力的活动。

二、教学活动设计研究的必要性

（一）高校英语现有教材分析

教材是课程的重要组成部分，是实践课程目标的主要工具。教材编写是否符合课程要求，是否适应学习者发展的需求，是否符合教材编写的基本标准将直接影响课程目标的实施。《大学英语课程教学要求》（简称《要求》）提出了新时期高校英语的教学目标，高校英语教材是否能够传达《要求》的教学理念，能够为课程目标的实施提供应有的平台？为什么完成高校英语课程学习的学生，甚至是通过全国大学英语四、六级考试的学生，其阅读理解能力仍然十分低下，难以完成日常工作和生活对阅读的要求？高校英语阅读教材在其中扮演什么样的角色？

1. 教材评价标准

教材有广义和狭义之分，这里所说的教材为狭义的教材，即高校英语教学使用的教科书，如外语教学与研究出版社出版的《新视野大学英语读写教程》（简称《新视野》）、《新编大学英语》（简称《新编》）和《现代大学英语》（简称《现代》）、上海外语教育出版社出版的《全新版大学英语综合教程》（简称《全新》）和《第三版大学英语精读》（简称《精读》）和高等教育出版社出版的《大学体验英语综合教程》（简称《体验》）等。随着教育理论、教育技术理论、教育测量理论、语言学习理论、课程理念的发展，教材的理念也在发展，教材评价的标准也在发生变化。

自20世纪60年代以来，教材评价引起了国内外越来越多的关注。教材评价以判断教材是否能够实施课程目标，是否能够实施课程教学理念，在哪些方面需要改进为目的，从而更有效地促进学生的发展。评价不仅可以为教材开发者正确认识自己的教材、修改和调整教材、更好地开发教材提供帮助，同时还可以为教育行政部门、学校和教师在教材再评价和选择方面提供参考，为教师在实际教学中对教材进行取舍或调整提供应有的指导。

2. 教材评价的内容

教材应该从哪几个方面进行评价，不同的学者从不同的角度提出了不同的建议。西顿（Seaton）曾提出20项评价内容，包含教材的内容、语言表达、编排、配套资源和技术层面等方面内容。哈钦森和沃特斯（Hutchinson&Waters）从教学对象、教学内容、教学目的、教学方法、教学成本等方面入手介绍了教材评价应该设计到的内容和标准。周雪林在总结国外教材评价的基础上提出教材评价应该考虑6个方面的因素，包括教材与教学理论的关系；教材与教学大纲的关系；教材与学习者的关系；教材的选材问题；教材练习的设计问题和配套材料。孙平华更是提出了教材评价应该关注的10项内容。也有学者从图式、解释学、统计学等方面探讨教材评价应该包含的内容和应该遵循的标准。但是，这些研究中有关阅读教材的评价较少，仅有的几个也只是集中在“阅读教材和练习是否适合学生的学习水平和兴趣，阅读量是否足够”①，阅读材料的可读性如何等方面。虽然很多评价量表中也涉及教学活动的设计，但是，研究很少涉及活动的认知层次，而阅读本身就是一个认知发展过程，阅读活动的设计必须考虑认知因素。

3. 教材评价的标准

评价标准的确定是有效评价教材的前提，许多学者都提出了自己的教材评价标准，国外专家格兰特（Grant）提出了由3部分组成了30个项目组成的评价标准，国内学者周雪林、许峰、束定芳、庄智象、刘道义、孙平华等也都提出了自己的教材评价标准。有的认为教学大纲应是评价教材的唯一依据，有的认为教材评价要看教材是否符合国家各项政策法规；符合国家课程标准；符合学生的发展要求；符合各地教改实际。根据孙平华的观点，教材应反映先进的语言、学习和教学理论，符合课程标准的要求，包括系统的语言知识，平衡发展各项基本语言技能；教材内容应该科学地组织、分级和排列，应提供语言形成性评价和终结性评价的内容，考虑学习者个体差异，考虑教师教学和职业发

① 程莹，董华，何艳铭，罗丹，罗爱梅．当代中小学外语课程发展［M］．广州：广东高等教育出版社，2005：202.

展的需要，具备支持性教学材料。教材同样应考虑教学资源和条件限制。

（二）高校英语教师阅读教学现状分析

1. 教学分析

需求分析是教学设计的起点，调查显示，近半数老师能够分析每一单元的教学目标，分析学生的现有水平，分析教材与自己教学风格的适应性，以便根据自己的情况调整教材，有1/3的教师可以分析教材与教学模式的适应性，分析教学资源的可用性，分析学生的学习风格，分析教材中单元活动是否适合教学目标。但是，很少有教师能够分析学生的多元智能，说明教师还没有意识到多元智能的差异会影响学生的课堂参与。

从教师对教材的看法来看，目前的高校英语教材在内容选择、活动编写以及配套教案等方面未能为高校英语阅读教学提供应有的教学资源。只有少部分的被调查者觉得教材中教学活动设计合理，也只有少部分的教师觉得教材提供了足够的活动。教材没有提供应有的识别能力培养活动、转述能力培养活动和综合能力培养活动，更未能提供创新能力培养活动和策略应用培养活动。而教师在设计阅读教学时却不能分析教材中活动的实用性，也不能分析学生的具体需求，很难想象教师能够设计符合教学目标，符合学生需求的教学设计，也自然难以开展有效的阅读教学。

2. 教学设计

教学设计部分共有17个问题，涉及教学目标设计、教学策略设计、教学过程设计、评价设计和教学活动设计。从调查情况来看，只有少部分的教师表示自己能够根据《要求》的目标确定教学目标，能够根据学生的具体情况调整学习目标的更少，能够根据单元内容确定学习目标。这与教师不能分析教材，不能分析教学目标有关。由于需求分析的缺乏，致使教师难以确定适合教材、适合学生需要的教学目标。

在教学方法和教学技术方面，很少有能够根据不同的教学目标和教学内容选择适当的教学方式的教师，大部分教师也不能合理使用多媒体等现代教育技术。

在活动设计方面，少部分能够在设计教学活动时照顾到学生的不同语言基础和不同的教学目标，绝大多数教师在教学设计中不能照顾到学生的学习风格差异，照顾到学生的情感需求和多元智能差异。能够设计课堂评价活动的教师更是寥寥无几，这说明评价理念还没有为广大教师所接受。缺乏过程性评价，教师难以调控课堂，缺少目标达成评价，教师则难以了解是否完成了教学任务。

教师难以根据教学模式设计自己的教学过程，但是多数教师能够反思自己的教学设计，完善自己的教学设计。尽管教师还缺乏应有的教学设计理念，但是却具有反思教学的意识，能够反思自己的课堂教学，寻找差距提高自己的教学艺术。这是英语教学发展的基础，也是每个老师应该具备的基本素质。

3. 教学活动设计

教学活动是教学设计的主要组成部分。根据阅读教学目标的要求，阅读教学中教师有必要设计阅读准备活动、阅读训练活动和阅读应用活动，活动必须满足阅读教学等级目标的要求，即知识、理解、运用、分析、综合和评价，同时还必须注意培养学生的阅读策略。

（1）阅读准备活动

阅读涉及文本的理解，同样涉及读者已有图式。没有相应的语言知识难以理解字面意思，缺乏应有的背景图式，则难以理解文本的隐含之意。阅读前的准备活动一般是背景图式激活，或者是语言教学。由于高校教育强调学生的自主学习，预习是学生阅读前的必做作业，因此，提前教授单词的教师很少。

（2）分析类活动

在所有的活动中，分析类活动是最为教师所熟悉的活动，大部分教师能够组织学生分析文章的结构。对句子之间逻辑关系和段落之间逻辑关系的分析同样是教师所熟知的阅读活动。这很大程度上反映出教师阅读教学的理念，把阅读教学理解为文本信息的理解以及篇章结构的分析。

（3）综合类活动

综合能力属于表达能力的一种。综合指把分解的元素按照一种的规范组合成一个整体，可以是将打乱的句子或段落组合起来，可以是以不同的角色改写课文，也可以是组织学生通过信息检索、调查等制作课件等作品，或是给学生几篇材料让学生阅读后写综述。但是，调查发现，这些综合类的活动很少为教师所采用，教师使用比较多的是根据所学文章结构和逻辑完成类似的创作，属于仿写的一种。

（4）评价类活动

评价是一种要求比较高的阅读活动，它不仅要求学生理解字里行间的意思，同时能用自己的语言对文章中的事件、人物、观点态度等发表看法。多数教师能够组织学生评价作者的观点，评价故事中的人物和事件。有的甚至能够根据文章的观点判断类似表述的准确性，也有部分教师能够组织学生谈论自己的感受。这种活动有助于培养学生的思维能力，但是，往往因为学生的语言表达能力不够而出现有观点无法表达的现象。因此，在开展这种活动时要注意分析学生是否能够胜任评价活动。

第二节　英语阅读前教学活动设计

一、英语阅读前准备活动设计常见的问题

（一）过度重视图式激活

英语教师对图式理论的理解经历了一个很长的过程，从陌生到熟悉，从忽视到重视，现在甚至出现了“读前导入挤占阅读本身”的矫枉过正的局面。授课教师很重视读前环节，做足了充分的准备，铆足了劲要把课上好，但是课堂的教学需要学生的配合，读前的图式激活必须是围绕着教学目标，激发学生的参与积极性来开展，而不是为了激活图式而活动。因此，读前活动安排在学生阅读之前，因此，教师在进行活动设计时要安排好时间，既不能流于形式，又不能将时间拖得太长，明确读前活动的主要目的是帮助学生建构激活背景知识，提高阅读兴趣，为阅读做好充分的准备。

（二）过度讲练语言知识

语言知识包括词汇、句法、篇章结构，影响学生阅读的多半是单词和句法结构。在读前活动中，对可能影响学生理解的核心词汇、句法结构先行学习复习是必要的，但是要把握分寸，有些教师为了帮助学生扫除词句障碍，设计丰富的单词教学活动，有带读、举例、填空等巩固练习，结果不仅使得学生的兴趣没有调动起来，反而增加了学生的负担，影响了学生享受阅读的乐趣。

（三）面面俱到，缺乏针对性

在实际教学过程中，读前活动的设计非常灵活。教师要根据学生的实际情况，并结合阅读材料的题材和内容，设计不同的读前活动。因此，读前活动设计是一种教学艺术，是教师教学能力的良好展现。为了帮助学生扫除阅读活动的障碍，教师既要创设语境，又要教学生词，指导策略，介绍背景知识，多角度全面考虑，教师就像是照顾幼儿的母亲一样，总想为学生做好一切的准备，事无巨细，面面俱到，导致了读前准备活动缺乏针对性，冗长拖沓，反而影响学生的学习积极性。

（四）无视学生背景知识，盲目设计读前准备活动

读前活动不仅要考虑教学目标、教材，还得针对学生的真实情况而设计活动，有些教师只是机械性地采用教学用书上的教学建议，而没有根据学生的情况改变。

综上所述，设计读前活动必须充分地了解教材、学生，围绕教学目标，整体性进行考虑，才能恰到好处地发挥创设语境、激发学习兴趣、扫除阅读障碍的作用。

二、英语阅读前准备活动的设计原则

（一）需求分析原则

教学设计的中心工作应该是围绕着学生的学而进行的。教师备课时要分析三个方面，其一是阅读目标，其二是阅读文本，其三是学习者。最后考虑选用读前准备的内容是需要背景图式，或是语言知识，或是策略知识。

根据标题进行预测，文章的标题通常包含了文章的重要信息。基于标题的预测一般不会与文章相差很远，因此它能使学生迅速抓住文章的大意。教师在读前活动中可以叫学生对标题进行分析、预测或提一些问题帮助他们预测。

（二）创设语境原则

阅读课教学需要给学生一个宽松和谐而又有英语语言文化氛围的环境，因此创设语境是教师引导学生真实学习、激发动机的一项重要工作。文章中的一些关键词往往能够暗示文章的大意或帮助读者理解文章的线索，这些词可以使学生更好地理解全文。在读前活动中，分析文章的标题后，教师可以让学生预测可能在文章出现的些单词或短语，从而激发他们的想象，并帮助他们理解文章的内容。教师在进行读前活动时，可以先让学生对文中可能出现的关键词进行预测。需指出的是，不同学生有着不同的预测结果，不管学生预测的答案与课文内容是否相符，都能让学生更好地理解课文。还有另外一种预测关键词的方法：教师提供一个词语清单，里面包含文章中一些并没有提到的词语，让学生进行预测并把这些词找出来。

（三）适度原则

阅读前活动是阅读教学的开头，应该短小、精彩，点到为止，旨在激活学

生与话题相关的已有背景知识，为下一阅读环节做铺垫。读前活动不能在阅读教学中占太大的比重，操作必须合理，时间控制在15分钟之内比较合适，占用过多有喧宾夺主之嫌，留给阅读的时间不足，会影响阅读教学的正常进行。高校英语教材中有很多与阅读课文相关的图片，学生可以根据它们进行预测，这种预测相对来说比较容易。在读前活动中，教师可以让学生根据图片回答问题或进行讨论，从而达到预测的效果。例如阅读课文 A Protector of African wildlife 介绍了 Jane Goodall 如何在野外研究黑猩猩的日常生活，以及如何倡导人们去尊重黑猩猩的生命。文中给出的三幅图片中可以看到主人公和黑猩猩交往的一些细节，教师在读前活动中可以引导学生对图片进行讨论，从而预测文章的内容。

（四）充分发挥学生的主体性原则

评价教学有效的标准是学生有没有行动起来，有没有形成自己的学习思路并落实、提高学习能力，获得进步和发展。

（五）基于学生的认知差异，多样化设计读前活动原则

同一篇阅读文章，同一个主题的准备内容，可以有不同的表现形式，有的可以侧重语言，有的可以用视频、图片展示，有的可以让学生参与表现，然而，这些形式的选择并非随意使用，而是要考虑到学生的认知风格和多元智能。

三、英语阅读前常见的准备活动形式

（一）预测

读前活动包括预测内容、预测词汇、布置任务、猜测主题等。文本材料、形式、文章标题、文中插图、预设情况的预测都是活动的资源，文章首段文字同样可以是预测的资源。比如在讲解 Natural Disasters 这一课中，课文之前配有地震、山体滑坡的插图，文章之前有一小段黑体字：The last few years have seen environmental caster son a great scale, and experts are predicting far more to come, Jinli reports on our earth's changeable weather patterns. 借助这些资源可以预测出本文要讲述的内容是有关自然灾害和人类活动、生活的关系的主题。相对于语言图式和内容图式，形式图式的激活在英语教学中往往被忽略。不同体裁的文章有不同的行文顺序，比如议论文通常按照逻辑顺序展开，在阅读过程中紧紧抓住议论文三要素，即论点、论据、论证，而记叙文通常按照时间顺序或地点转移的顺序展开阅读时要注意时间、地点、人物、事件的起因、经过、结果。通

过合理的阅读前活动，激活构建对不同体裁文章的结构图式，可以帮助学生大大提高阅读效率，同时对学生写作思维和技能的培养也有一定帮助。在阅读前，教师可以将文章梗概以图表的方式呈现出来，引导学生关注文章结构，激活形式图式，从而使学生可以快速阅读文章，找出相应的关键词，提高阅读效率。

（二）头脑风暴，构建语义图

头脑风暴是激活学生图式、增加师生互动的种有效方式，通常由教师提问，学生回答，这种形式适合激活学生已有的图式。借助语义图式、思维导图可以帮助学生构建有助于阅读的所需知识，这种活动对于词汇的呈现尤其有效。在英语作为外语教学的环境中，外语学习者阅读一篇文章时首先要面对的恐惧就是生词，不可否认，词汇量的多少直接影响着学习者对文章的理解，这也是语法翻译法盛行的原因之一。尽管词汇语法等语言图式的掌握可以为理解篇章打下基础，但是如果教师在激活语言图示的过程中一味遵循语法翻译法，面面俱到地讲授词汇相关知识，则容易偏离其为理解篇章服务的本意，因此教师在设计阅读前活动时，应积极寻求相关策略，激发学生主动思考，构建语言图示，比如在进行教学时，找出文章的中心词，通过头脑风暴的方式，引导学生想出相关词汇，不失为构建语言图示的一种好方法。

（三）利用生本资源，设计动情性导入

在一次公开课中，有位教师是这样设计 first impression 的导入活动，本篇课文主题是关于教师对学生的影响，学生对教师的印象，并最终影响学生一生发展的课文。两篇短文从教师的角度和学生的角度讲述一件事情，授课教师先播放背景音乐，让学生讲述发生在自己身上的故事：Have you ever met a teacher who you didn’t like，who later became your good friend？在讲故事过程中，引入话题。在读前活动中，教师可以根据文章内容设计一些包含相关背景知识的游戏。为了游戏的顺利进行，学生必须最大限度地调动他们脑中的知识储备，因此，他们的图式也就被激活了。

（四）背景介绍或故事法

学生对于生活经历类的话题总是很感兴趣的，比如在上 wedding 这一课时，有一位教师播放自己的婚纱照的影像，自己用英语解说，让学生在了解教师的幸福时刻中学习关于婚礼的词汇和知识，为阅读做准备。对于某些内容或体裁的阅读文章，学生接触较少，不够熟悉，因此也就缺乏相应的图式储备，以至很有可能会影响他们对文章的理解。所以教师在读前活动中应该首先给学生介

绍相关的背景知识，填补学生的图式空白。

（五）开展话题讨论

教师在上 Global Warming 这一单元时，可以播放了 Michael Jackson 的歌曲“Earth song”，并让学生做有关于环境保护的 Duty Report，接着让学生分组讨论 Global Warming 这个话题，引入本文的主题。英语教材中有很多介绍外国文化知识的阅读文章，外国文化和中国文化有很多不同的方面，教师在读前活动中，可以通过引导学生进行对比，从而激活他们的文化图式并使他们更加深刻地理解这种文化差异。学生对于文章涉及的主题和内容的了解程度直接影响学生对文章的理解程度，在学生已有的背景知识中，通过适当的阅读前活动激活相关图式，构建与文章内容相关的图式，可以帮助学生增强阅读动机，提高阅读效率。

教师在设计此类阅读前活动时，应充分考虑文章特点和学生对该话题的熟悉程度，力图做到活动能够激发学生已有图式，而且能与文章内容充分相关。在活动的实施过程中，教师可以借助多种活动形式，如果学生对此类话题十分熟悉，教师可以直接就话题进行提问，学生给出相关信息，或采取小组讨论的方式，让学生通过讨论进行合作学习；若文章内容脱离学生实际生活，学生缺乏与此相关的内容图式，教师可借助多媒体手段，直接向学生展示视频、图片等背景知识，构建内容图式。

第三节　英语阅读中教学活动设计

一、英语阅读中教学活动设计需要注意的问题

（一）问题要诱发学习者的学习兴趣

引导性问题充分体现了教师为主导、学生为主体的教学理念。因为学生的思维总是从问题开始的，围绕课堂教学内容的需要而设计不同的形式、新颖有趣的问题，能够引导学生积极进行思考，从而获得事半功倍的效果。教师要抓住课本内容，精心设计，用课外问题引导学生探究所读文章。心理学家认为，

人的各种活动都是由动机产生的，动机激励人去行动，兴趣则支配动机①。作为一名教师，应该在教学中尽可能寻找一些与学生的兴趣、情感、动机一致的语境、话题或相关信息，在不知不觉中把教与学、听与说融汇在一起。例如：上“Chaplin”时，提出一个 topic：My favourite film star. 紧接着“What do you know about Chaplin?” “Have you heard of Chaplin?” “Can you list some films directed by Chaplin”等这些话题纷纷引起学生的欲望，很顺利过渡到课后的阅读中“Now，please read the text quickly to get some information about Chaplin”，也就是说，设计问题应该在学生现有的知识积累基础上，在现有的逻辑思维水准下，换几个角度，培养学生兴趣，发展学生智力，努力学好英语。

（二）问题的难易度要呈阶梯性特点

问题的设计要步步深入、由易到难地进行。对于教学中的一些重难点，我们尽量设计一些铺垫性的问题，依据学生水平，想方设法化难为易，化繁为简，一环扣一环，逐步解决大问题。从心理学和教育学角度看，这是符合学生认知规律的。

例如在“British Isles”一文中，关于第三段气候：The climate of the British Isles is mild with a lot of rain. In general，Scotland is colder throughout the year，and receives more rain. It rains a lot in England and Wales too，but the temperatures are more pleasant. In the summer months the difference in temperature between London and the north can be as much as nine degrees! The coldest months are January and February while the warmest months are July and august. 设计了以下几个问题：What's the climate of Scotland，English and Wales? Why does British Isles rain a lot? If you have the chance to go to British Isles，which part would you like to go? Why?

上面提及的三个问题层次分明由简单到复杂。第一个问题可以直接在课文中找到；第二个问题需要联系上一段关于地理位置的内容来回答；而第三个问题要根据课文的关键词和常识自己组织语言来回答，并且联系了实际生活。这些问题的设计并不拘泥于文章所给信息，它让学生在理解本段的基础上扩展学生的知识面，从而培养学生发散性思维的能力。

然而，对于教学中的一些重点、难点，包括字、词、句、段，教师应尽量设计一些铺垫性的问题，依据学生的学习水平，由浅到深设计问题，从初步读懂到完全读透文章，进行全体教学，加强学生对单词、单句的理解，层次结构的理解，中心大意的理解，主题思想的理解等阅读模式有利于培养学生的思维

① 王丹. 英语阅读教学理论与实践［M］. 北京：知识产权出版社，2018：163.

理解能力，改善英语阅读效果。

（三）问题设计要有“度”

这个“度”必须包括问题的难题、深度（铺垫性设问）、亮度（讲究感情色彩，抓住学生原有知识经验与新接受的信息不适而产生的心理失衡，提出问题，打动学生的心）、跨度（抓住教材重点、难点等）、角度、精度、密度等，尤其是在提问设计中对问题难度的把握。当然，提问的难易适度还有两个标准：一是问题本身；二是具体学生的素质。在设计问题时能够想到这两点，教学双方必然会呈现如鱼得水般的现象。教师可以根据预习情况，从学生阅读理解能力的实际出发，利用有关提示引导，发展学生的求异思维。

（四）问题设计要有“巧”

在提问设计中，教师对题型的研究显得十分重要，要在“巧”字上下功夫。要采用多种提问方式，如投石激浪式、选择比较式、填充补续式、追踪探因式、检查整理式等；要讲究操作调控方式，要注意提问的时机、提问的对象、提问的方式和答问的评价等；要防止提问可能产生的负面影响，提问忌深、忌偏、忌全、忌浅、忌滥；要讲究提问的逻辑。提问要合理，问域要适度，概念要清楚表达要明确，答案要未知。首先，要采用多种提问方式，如选择比较式、填充式检查式，要善于利用信息技术，使其更加多样化，易于全面掌握和理解，同时也增加学习兴趣；其次，要讲究操作调控方式，要注意提问的对象和方式，回答的评价等；最后，要讲究提问的逻辑，问题要合理、适度，概念要清楚，表达要明确，“巧”设的问题既能节省教学时间，又能提高教学质量。

“悬念”是众多学生求知欲的动力源。制造悬念，就是要在学生已形成的概念对某些问题的生活体验与对这些问题的更精确的解释与陈述之间树立矛盾。悬念常用于一堂课或一单元的开始，这样能使学生眼睛一亮精神一振，并引发无限遐想，对下面的内容更加关注。

例如：在教“Alone in Antarctica”这篇文章前，教师设计这样一个问题：Suppose you are fifty, are you willing to go to Antarctica alone? 学生听了，觉得既惊讶，又不可思议，因为在他们的观念中，人到了五六十岁就会找个舒服的地方安度晚年，怎么可能会独自一人跑到南极那么冷的地方？就在学生迷惑不解的时候，告诉他们：“今天就要学习一个伟大的女性—Helen Thayer。看看她到底是个什么样的人？她为什么要这么做？”这样，学生就会带着好奇心全神贯注地阅读起来。

（五）注意对学生回答的处理

教师必须肯定学生什么地方回答得好，回答得正确，什么地方回答得不正确，或不够正确，并指出原因。这样，就能使学生对掌握的知识是非分明，界限清楚，思维能力得到有效培养。切忌对学生的回答作含糊不清、模棱两可的评价，甚至不做评价。换而言之经过提高学生的质疑能力后，学生产生的问题就相对集中，教师可以鼓励启发和引导学生进行自主探究，通过个体与个体的交流或小组讨论，辩论等方法，加深对问题的理解。如在学习外研社《大学英语》第三册第一单元“A Brush With the Law”时，有学生质疑：Why is law sometimes arbitrary in Western Country?”为此教师组织了一次辩论赛让同学们自由组合成两队，给他们充分的准备时间。因为学生自己提出的问题，所以对这个活动特别用心，小组里分工明确有的找材料作为论点，有的研究课文的细节预测对方可能的话题有人找来法律条文对照翻译甚至结合当今中国社会法律问题的现状进行分析。整堂课正方和反方用英语针锋相对舌枪唇战，随机应变，有理有据，观众掌声、笑声不断，在气氛热烈、精彩纷呈、高潮迭起的过程中共同完成了对课文的深层次理解。

二、英语阅读中教学活动设计的基本原则

（一）多样性原则

课文阅读教学的活动设计要遵循多样性的原则，即阅读任务不能单一化，不能只停留在一个层面上。多样化的课堂活动形式有利于保持学生的注意力。教师在设计阅读课教学活动时应充分考虑活动形式的多样性，采用灵活的教学手段和方法，创设丰富多彩的教学情景，以激发学生的学习兴趣调动学生参与课堂阅读的积极性，猜测词义是英语运用能力的重要体现，也是常见的检测学生阅读能力的重要手段之一。教师要适当给予猜测词义的策略指导鼓励学生根据上下文语境暗示、句子之间的关联词、同位语、定语从句、标点符号、构词法、主题句等大胆猜测词义，培养学生的猜词能力。

（二）可行性原则

课文阅读教学的活动设计要遵循可行性原则，即教师设计活动应具备可操作性。

（三）拓展性原则

阅读中教学的活动设计要遵循拓展性的原则，即教师要深化课文的内涵，拓展课文的外延，把课文空间延伸到社会，生活中去。授课教师可以基于语言、知识、情感三个层面对文本内容加以拓展设计紧扣教学目标又具有挑战性的活动，从而拓宽学生的视野，促进学生综合素质的提高。

三、英语阅读教学中的具体活动设计

（一）利用文章的大背景理解具体细节

对英语文章进行阅读时，如果缺乏对于大背景的相应知识，可能导致理解的片面性甚至歪曲其本意。通常情况下，一篇文章或者某一段落中往往有一句话能概括大意，它一般在文章的开头，也可以在文章的结尾或中间。让学生找主题句就是要学生弄明白文章的大意，理清段落之间的、各段落与主题之间的逻辑关系。

例如，Newsweek 有篇报道题目为"Big crimes，Small cities；I can stand on my front porch and watch the United Nations drive through my neighborhood for drugs"这段文字刚开始很多学生都对它的理解出现误区，会觉得这篇文章是不是跟贩毒相关。在文字层面，意思好像是：我站在我前面门廊，看到联合国开车到社区贩毒。但是结合大背景来看，这是不合实际的，作者的意思是，在 Kansas City 这个城市里，种族矛盾比黑人犯罪率要高很多。从文章中的一些词语如 black，white，Hispanic，you name it 等可以看出，贩毒的分布在 Kansas City 的各个种族，这是一个共同的行为，结合大背景可以看出，United Nations 表达的不是联合国，而是对各个种族的人以团体进行表现，在城市里犯罪的民族化，这与联合国是没任何关系的。这个例子表明的就是脱离大背景的句子是很局限没有现实性的观点，结合大背景才可以对句子的含义进行更为正确透彻的理解，在英语阅读中，尤其是报刊阅读中这是必须要注重的，否则就无法真正意义上读懂文章意思，所以教师在教学过程中要着眼大背景对学生加以引导。

（二）重视大、小标题尤其对副标题的理解

在一些特殊的阅读材料中大、小标题及副标题往往具有重要的指引作用。例如在英文报刊中，大部分文章标题有 2 个，正标题都是以很大的字号、文体出现在报刊醒目位置，副标题都是小字号排列在下面。如正标题"2

U. S. Soldiers Die in Baghdad Bombing”表达的就是巴格达炸弹爆炸2个美国士兵死亡，正标题言简意赅，对文章内容进行了简要介绍。但在一些文章里，正标题难以较为完善就需要副标题进行补充，因此副标题大多都更为细致，也是文章精华所在。例如，Asiaweek关于印度发展现状的文章，正标题“Giant On the Move”，副标题“With the Help of High technology，India is Rapidly Becoming a Global Player”，由此可以看出，正标题用了拟人的手法，所读到的信息是国家在发生改变，副标题表现出的印度高科技给国家的发展带来推进作用，这很好地引导了学生阅读，让学生怀着好奇心去了解印度的新局势。可见，副标题带来的信息量要超过了正标题的意思。另外，还可以利用标题对文本内容进行预测。比如，“Sleeping your way to success”这样的标题都可以让学生大胆去猜测文本内容。

（三）联系上下文注意整体语篇的连贯性

在厘清文章结构的基础上，设计回答问题或者判断正误的任务让学生加强对课文细节的理解。问题可以由教师设计也可以由学生就课文内容向任何一名学生提问，回答问题的学生再向其他人提问，这样连锁问答，既可以训练学生的口头表达能力，也可以加深对课文的理解。在阅读过程中，联系上下文注意文章内容的连贯性是很重要的例如Los Angeles Times中一篇名为“Exploding Tourism Eroding China's Riches”的文章中写道：For the growing army of middle-class Chinese with a little extra money to spend，touring their vast country has become almost as natural as breathing. Both activities，it turns out，are harming the ancient Buddhist grottoes that make this place one of China's cultural wonders。这段文字中的both activities刚开始很容易让学生费解，但与上文进行结合就会明白，上文就是说中国中产阶级的逐渐增加使得他们有了些闲钱去旅游，对他们来讲旅游如同呼吸一样。通过前文的touring，breathing可以认为both activities意思就是touring，breathing。根据上下文这段话的意思就是：旅游给古代佛窟带来一些不利影响，这些佛窟给这个地方造就了文化奇观。

关注下文也可以促进前文的理解。如New York Times的文章中有这样一句话：As financial results are reported every quarter，it is essential to secure profitability on a short-term basis。这给学生在阅读中带来的难题就是财务结果每一刻钟报到一次是什么意思。阅读后就可以发现，前后结合起来的理解就是：在美国人们很注重获利性的维护，获利性在短期就可以完成。因此在进行阅读时，教师要指导学生学会结合前后文进行思考。

（四）积累背景知识进行助读

由于阅读材料涉及的层面很广，需要学生贮备基本的常识。在对文章的背景知识进行储备的过程中，学生需要在教师的指导下在平时的学习中多积累知识，从而有助于提高阅读能力。对英语阅读材料中一些涉及国外的相关文章，需要对那个国家的概况进行基本了解，例如国家国情、相关的历史、政治环境、气候环境等，学生掌握得越多阅读就更加顺畅。例如在 Big crimes，Small cities 中：The trivial origins of today's street killing-battered over gym shoes and sweat shirt -may make them as difficult for police to prevent as domestic homicides always have been。难以理解的是，运动鞋、汗衫指什么？根据实际情况，汗衫、运动鞋在美国是年轻人必需的，因此这个文字就是指发生在美国青少年中的犯罪。

（五）设计活动、调动感官、辅助阅读

根据不同阅读材料，合理设计丰富多彩的活动，促进阅读效果的提升。有的课文是喜剧体裁适合表演学生可根据教室布置的任务在课前进行充分准备。把表演引入课堂，既可调动各种感官参与活动，同时也让情感加入其中，使学生在深层次上理解课文。有的文章可能是电视访谈类型，这时教师可以在学完之后让学生模仿主持人和嘉宾进行类似的训练以提高学生的积极性和参与意识。

第四节　英语阅读后教学活动设计

一、英语阅读后教学活动需注意的问题

（一）虎头蛇尾

在阅读课的教学中，读前、读中和读后三阶段活动的比例失调。很多教师在完成了阅读中设计的各项活动后就结束了阅读课的教学，将读后阶段的活动变得可有可无，这势必会使得学生在课内很少能获得各种机会去运用所学语言，综合发展读和写等其他各项语言技能。同时，很多教师经常在教学过程中出一些考题，学生做完以后就公布所谓的“标准答案”，从而否定一些有创新意识和发散思维的学生的答案。课堂上教师过于讲究权威，忽视了学生创造性思维和批判性思维，从而影响了学生的积极性。

（二）偏离教学目标

阅读是语言输入的过程，读后活动设计是为了促进语言输出，帮助学生扩大交流范围。因此，在设计活动时要紧扣教学目标和主题内容，引导学生在参与实践中运用、交流，充分发挥语言的输出作用。但现在的问题是很多教师忽略了这一点，单纯为了课堂气氛开展活动，所依据的主题与文本毫不相干，相当于“另起炉灶”，严重违反了读后活动深化主题、巩固运用的原则，使得教学目标难以完成，活动效果几乎没有。

（三）读后活动单一

在相当多的英语阅读后教学中，很多教师的课后活动就是完成课后练习。单一的理解题型及其练习方式对学生大脑的刺激，相对单调，易使学生产生厌烦情绪，还容易造成学生能力的片面发展。形式多样的题型及其练习方式则能对学生大脑产生多元的刺激，且能够培养学生综合运用能力和平衡各方面的能力。但实际上，阅读前和阅读中的活动是为了学生更好地理解课文，在学会将一些基本知识、了解相关文化的基础上，学以致用是学习更高级的目标。阅读是语言的输入，其他活动更应侧重于语言的输出，所以设计阅读后活动时，应根据所读的内容和体裁，灵活多样地布置读后任务，如练习写作能力的仿写练习、改写练习、读书报告等也可以布置一些与阅读主题或内容相关的口语练习，如主题演讲、辩论、戏剧等。这些活动不仅可以调动学员的学习热情，也能成为阅读课的补充练习，达到学以致用的目的。

（四）超出认知水平

一般情况下，学生具备两种发展水平，一是现有发展水平，就是依靠完全掌握的知识、经验形成的水平；二是即将达到的发展水平，称为“最近发展区”。读后活动本身就是拓展性活动，对于学生能力有引导性作用，在设计时要严格把控难度，根据“最近发展区”实施，让学生在巩固的同时能有所提升。然而，有些教师为了提升效果，就揠苗助长，设计的活动过于“开放”，以致学生完成不了，无法达到预期的效果。

（五）忽视对语言知识广度和深度的聚焦

忽视了对文章整体的理解和其本身词汇意义的延伸和拓展，从而导致同一个词语出现在下一篇阅读或者下一种语境的时候却发现用以前的词义解释不通。另外，一些教师没有准确理解《大学英语教学指南》，以为大学英语强调语言实际运用能力，倡导任务型教学，因此语言知识、语法讲授完全不重视。在此观念下，不少教师在读后教学中未能引导学生借助语法正确理解句子，影响了学生对阅读材料全面正确的理解，使学生“生吞活剥、囫囵吞枣”地学习课文。

（六）缺乏有效评价

活动的有效性取决于设计与评价，积极的评价能调动学生积极性，促进其融入参与，在不断的实践中获取成功体验，进一步认识自己，建立学习自信，最终实现语言能力的提升。在实际教学中教师乐于花很多时间、精力设计活动，但评价相对较少。即使进行评价也经常是很简单的，往往流于形式，无形中造成了评价的低效能现象，学生无法获得明确的信息，调整自身的表现，一定程度上影响了活动效果。

（七）忽略了阅读与写作之间的关系

教师在教授阅读的时候。对于读前阶段和读中阶段比较重视而对于读后阶段的任务和作业设计则采取了淡化的态度，更不要说整体规划下一阶段的学习和任务，因此教师对于读后阶段的认识还不够。研究表明，读后阶段对于培养学生的思维能力，提高学生的语言交际能力、文化意识等具有重要的作用，因此不重视读后阶段的任务和作业会削弱学生的学习兴趣和阻碍学生思维能力；第二语言习得理论认为，阅读是一个输入过程，写作是一个输出过程①。语言输出的前提是输入。英语教材为写作提供了大量的可理解的输入材料。但是在实际的阅读课教学中，教师往往忽略了对于作者遣词造句以及布局谋篇方面的特色的分析，割裂了阅读与写作之间内在的联系，使得阅读这种有效的语言输入形式无法服务于写作教学，造成部分学生阅读成绩与写作成绩不能平衡发展的局面。

二、英语阅读后活动设计的类型

读前阶段和读中阶段主要侧重于培养学生的阅读能力和帮助学生掌握新的语言点，只是将学生置于理解层面上，那么在读后阶段的教学任务则应该尽可能为学生创造条件，在学生的“知”和“做”之间架起一座桥梁，以帮助学生把学到的语言知识通过有计划的分阶段的训练进行消化和吸收。下面介绍几种

① 王丹．英语阅读教学理论与实践［M］．北京：知识产权出版社，2018：179.

常见的阅读后活动。

（一）文本知识巩固型

在进行了读前和读中的两个阶段后，教师可以在读后阶段围绕所学文本，通过针对性的练习活动帮助学生把学到的语言知识进行训练，从而消化和吸收，对文本进行有效巩固。教师可以采用以下方法，如词汇练习完成表格（如任务型阅读题型）、归纳文章（段落）大意、复述文章。同时，也要具有目标性，即读后的任务设计要与本课的教学目标相吻合，读后活动要有利于学生的语言输出，必须与教学目标相吻合。设计的读后活动应难度适中，操作简便。活动的形式与教学内容密切相关，应围绕学生获得语言知识和读写技能而设计。教师结合阅读文章，选择适合的话题，引导学生通过活动收集材料、积累语言，再进行不同文体的写作训练，实现读写有机结合。

（二）文本知识拓展运用型

在学生初步理解文章并对阅读效果进行初步巩固后，教师可组织安排一些运用型练习活动，以引导学生正确、灵活运用所学内容。一是写作型。在读中阶段对文本的主题和基本框架进行分析，并据此对课文进行缩写、仿写或改写；将课文由一种体裁改写成另一种体裁，如：将戏剧改写成故事，或将故事改写成对白；让学生发挥想象续写文章结尾、制作海报等。二是表演型。表演型的阅读课读后活动有角色扮演采访，辩论等。学生要进行这些活动，不但要熟悉课文内容，还要对所学的语言知识有自己的理解和感悟。在表演过程中，表演者和观看者都处于积极状态，课堂气氛热烈，有利于学生在轻松愉悦的氛围中提高自己的英语综合运用能力。另外还要具有反馈性，即学生写完作文后，教师要对其进行批改、点评及时发现学生存在的问题并表扬优点。教师通过有效的评价确保写作的良好效果。

（三）文本主题升华型

给学生灵活运用语言提供足够的实践空间，包括学生理解、阐释、欣赏和评价文本的深层次内涵，并将其运用于写作中。开放性的读后任务能拓展学生思维的广度和深度，满足学生学习时个性化的需求。教师要根据学生现有的学习能力，充分挖掘阅读文本中的思想内容，然后根据阅读材料的主题设置相应的写作任务，让学生在理解文章要传达的主要信息的基础上，领会文本的文化内涵，思考人与自然、人与人、人与社会的关系，从不同的角度理解人类的共同经验，并大胆提出自己独到的理解和思考。教师可以从阅读材料中提炼出一些有意义的话题，然后创设情境，组织学生去评论文章中的人物、事迹，讨论社会热点话题，让学生发挥想象，激发他们积极向上的进取心，发散学生的思维，丰富学生的情感世界，培养学生的学习兴趣。例如课文“The search for happiness”，其话题是 What is happiness to you? 文章主要以采访桑兰的形式展开，讲述她如何在常人无法想象的逆境中保持乐观心态，追寻自己的幸福。教师可以在读后活动中以逐层递进的方式设置多个话题，如讨论从桑兰身上学到了什么；讨论如果自己周围的人遇到了不幸，怎么去帮助他；讨论如果自己遇到不幸，该如何面对。通过这种依托文本，围绕文本主题，逐层递进的方式，使文本主题深化到生活，学生情感得到升华和激发，实现英语教学中知情意的统一。

三、英语阅读后常见的教学活动形式

（一）话题讨论

1. 相关信息的收集和展示

阅读课注重培养学生搜集和处理信息的能力、获取新知识的能力、分析问题和解决问题的能力、交流与合作的能力。阅读课结束后，学生可以去图书馆查阅或上网搜索，收集东西方的文化差异，自己分类、归纳、概括后，以小报的形式张贴在教室的英语角供全班同学学习。通过阅读材料内容提炼出一些有意义的话题，然后创设情境，组织学生去评论文章中的人物、事迹，讨论社会热点话题，让学生发挥想象，激发他们积极向上的进取心，发展学生的批判性思维，丰富学生的情感世界，培养学生的学习兴趣。虽然趣味活动或多或少都有内容的回顾，但教师还是要在阅读后设置一个更具体、系统的回顾环节，以此表明复习巩固的重要性，并不是读过就完成任务了，理解才是目标。

2. 实际调查和分析

调查分析是常用的读后活动之一。这种活动适合以小组活动的形式开展，需要学生活动后展示总结报告。

一般会开展复述活动，采用多元化的方式提醒学生，像提供关键词、图表或者是各种线索等，让学生先口述然后根据情况考虑笔述，以此达到巩固的目的。这样，学生就需要理清思路，在总结归纳中表达，无形之中提高了语言能力。此外，教师可以开展话题讨论，提供文本题目让学生回忆其内容，自主设计话题讨论。在交流的过程中要避免文本内容的重复，充分展示自己的想法。这样有利于学生运用语言真实地表达自己的想法。

（二）表演活动

这类活动主要包括角色扮演、采访、辩论等。这些活动都让学生在模拟真实的语境中，锻炼自己的英语综合运用能力。在活动过程中学生可以根据自己对角色的理解，通过肢体语言、语音语调、语气、面部表情来刻画人物形象，这种集挑战性和趣味性于一体的形式可以激发学生学英语的热情，也是“学进去，讲出来”的一种体现。组织学生表演课本剧，能够营造轻松愉悦的学习气氛，激发学生的学习兴趣，调动学生的学习积极性；能够培养学生良好的语感，丰富学生的语言，提高学生英语语言的表达力；同时还能加深学生对阅读材料的感悟，对人物的性格、情感等各方面的领悟。

采访型和辩论型也是读后作业的主要形式，采访型能让学生产生移情性理解，让学生在语言实践过程体现自我价值彰显语言学习中我的存在感加深语言印象，在实践教学中很受学生欢迎。辩论型更是贴近学生的内需，每个学生都有自己的精神小宇宙，如何激发它，让它绽放出思维的火花，并在语言的载体上软着陆，需要教师充分为学生搭建脚手架，适时指导，鼓励，让学生在课堂上真正释放出自己语言学习的内在潜能。

第四章　新时期高校英语阅读教学中阅读策略的应用

对于高校英语阅读教学而言，将学生自发形成的阅读技巧上升到阅读策略是一项重要任务，阅读策略的训练与培养有助于提高学生英语阅读的水平。本章即从英语阅读策略的基本内容入手，进一步对新时期高校英语阅读教学中阅读策略的应用进行研究。

第一节　英语阅读策略概述

一、英语阅读策略的基本内涵

（1）阅读策略是主体在阅读过程中设定的整体性措施与对策；

（2）阅读策略带有很强的任务性；

（3）阅读策略是基于对具体阅读活动的认识而采取的；

（4）阅读策略是对特定阅读学习理论的具体化；

（5）阅读策略具有适应性和灵活性。

虽然主体事先对于阅读活动进行缜密思考做出了整体性阅读策略，但仍然需要阅读过程中的具体问题静态分析，主体根据阅读的进程对阅读措施进行适时的反馈和调控，不同于阅读模式和具体的阅读方法。

英语阅读实践中的阅读策略是为实现阅读，对阅读活动进行反思、调节和控制的系列执行过程，是一系列有计划的动态过程，具有不同的层次和水平。阅读策略包括阅读活动的元认知过程、阅读活动的调控过程和阅读方法的具体操作过程。阅读活动的元认知过程是对阅读过程中的各种因素、阅读进程的反思性认知。阅读活动的调控过程是主体根据阅读进程及其中的变化，对阅读过程进行的反馈、调节。阅读方法的执行过程是指主体在阅读过程中的主体与文本情景互动方式、方法与手段的展开过程。阅读策略的制订、选择与运用，应当从阅读全程着眼，兼顾阅读的目的、任务、内容、主体状况和既有的阅读资源情况，灵活地采取措施，保证阅读有效进行。

二、英语阅读策略的主要特征

（一）阅读策略的目标任务指向性

阅读策略的产生就是为了解决现实的阅读问题，掌握特定的阅读内容，达到预定的阅读目标，收到预期的阅读效果。任何阅读策略都指向特定的问题情境、特定的阅读内容、特定的阅读目标，规定着主体的阅读行为。根据不同的问题、不同的内容、不同的背景条件，制订、选择和运用阅读策略。实际中，不存在无目标无内容无方向的阅读策略，也不存在适合一切问题和内容的万能阅读策略。当完成了一定的任务，解决了相应的问题后，应当转向新的阅读策略。

（二）阅读策略的实践应用性

阅读策略总是针对具体阅读目标任务制定的，是为达成阅读目标任务而确定选择的对应方法、技术和实施程序，并在阅读活动中通过主体的具体行为，有条不紊地推进阅读活动。所以阅读策略在应用方面必须是可行的，阅读策略的内容、实施的方式和步骤是阅读活动具体展开的依据，其价值在于阅读实践中的必要性和可行性。

（三）阅读策略的系统性

阅读主体进行阅读活动的元认知过程、阅读活动的调控过程和阅读方法的执行过程，构成了相互依存密切联系的一个整体，即英语阅读的系统。阅读要素彼此之间相互作用、相互影响，随过程发展而相应变化。阅读策略就是因应阅读系统的良性发展需要而制订的，阅读的全过程及其各要素诸如阅读方法、阅读步骤、阅读媒体、阅读组织形式等需综合考虑。阅读过程中应当适时地进行反馈、调整，才能根据主体需要，进行阅读方式、措施等的优化组合、合理构建、和谐协同，阅读策略才能取得实效。

（四）阅读策略适应阅读对象的选择性

策略是阅读过程中大体的行动指南，但不是“以不变应万变”的锦囊妙计，必须具有辩证思维，坚持具体问题具体分析。阅读策略与阅读对象以及所要解决的问题之间的关系不是绝对契合的。不同的阅读对象、不同的时空及环境条件在应用阅读策略时，主体应当做适应性调整，以便更有效地解决不同的问题。比如阅读中对于循序性策略、冗余信息的处理策略、知识迁移策略、阅读速度调整策略、反馈评价与递进策略等，应当根据主体阅读的实际状况合理地进行调整。

英语阅读策略旨在帮助读者了解掌握英语阅读的方法和技巧，并迅速提高英语阅读能力。阅读要有成效，一个重要的因素，就是掌握科学的阅读方法。现实中，学生对阅读一般投入的时间和精力较多，但阅读理解仍是薄弱环节。造成这种局面的主要原因就是缺乏有效的阅读策略以及正确的阅读方法的选择与应用。

英语阅读策略涵盖了英语阅读的全局性的应对措施，其中关键的是在阅读进程中对于阅读方法的选择与应用，以及训练高效率的阅读技巧。长期以来积累了大量的经验，总结出多种阅读方法与阅读技巧，在英语阅读策略中恰当适时的选择和应用，是实践阅读策略的重要环节。

三、英语阅读策略选择的依据

（一）依据阅读的具体目标与任务

不同的阅读目标与阅读任务需要不同的阅读策略去实现和完成。阅读目标不同，所需采取的阅读策略也不同，即使是同一学科的阅读也是如此。

（二）依据阅读内容的特点

对不同类型的阅读对象，阅读的方法技巧应当有所差别；不同进程阶段，阅读策略也应有所不同，总之要做到具体问题具体分析。

（三）阅读策略要适应阅读主体的基础条件和学习风格等个性特征

制订和选择英语阅读策略要从主体的智力、能力、态度诸方面的实际出发，注意策略对于兴趣激发、动机的端正性，策略的活力之源就在于激起主体积极的精神动力。

（四）明确阅读策略适应的阅读对象和具体的环境及信息技术等条件

英语阅读策略都是在主体和特定阅读对象结合基础上制订的，适用范围和使用条件具有限定性，不是一劳永逸的“灵丹妙法”。

（五）英语阅读的最优化是英语阅读策略的永恒追求

英语阅读策略制订的目的就是提高阅读质量与效率，促进阅读主体能力的发展，实现阅读的最优化。

第二节 高校英语阅读教学中的阅读策略训练与培养

一、英语教师在阅读策略训练中的作用与任务

（一）充分重视阅读策略训练

作为一名英语教师，必须重视阅读课，重视阅读策略的讲授和训练。英语阅读课以培养学生的阅读能力为主要教学目标，学生需要学习和掌握课文内容所涉及的语言知识（词汇、句型、语法和习惯用法等），了解课文内容所涉及的文化背景，进而在阅读方法、阅读速度、阅读技巧和阅读理解的准确度和深度（阅读欣赏）上得到提高，不仅能够读懂意思，而且能够得到美学意义上的欣赏和提升。所以要上好一节阅读课，必须要做到精选材料，扩大阅读范围，增加阅读量。在阅读材料的选择上，要使所选择材料在题材、体裁、难度等方面适合教学的实际要求和学生的实际水平，激发学生的阅读兴趣，使学生在日益丰富的阅读中丰富阅读体验，提高阅读能力。首先，发挥教材优势，培养学生课外阅读的兴趣。课堂是学习英语的主阵地，课堂阅读是课外阅读的基础，课外阅读则是课堂阅读的延伸，教师在教学中应很好地发挥教材的优势，把学生的阅读兴趣延伸到课外，从课内阅读来带动课外阅读。其次，开展形式多样的活动，培养学生课外阅读的兴趣。可以通过每天英语课的 5 分钟的口语训练，内容是个人的阅读心得；利用各种节日、班会定期举办诗歌朗诵会、辩论会、手抄报比赛、征文比赛、读书报告会等读书交流活动，使学生在活动中体会到课外阅读的乐趣，获得成功的体验。最后，借助教育机制和教育手段激发学生的学习兴趣。

（二）引导学生形成正确的阅读习惯

任务阅读是学生在阅读学习过程中形成的学习交流形式，能解决自身学习

能力不足的问题。通过运用合作探究的方式解决疑难问题，不仅能够激活学生的英语阅读思维，还能够使学生的阅读学习能力在合作探究的过程中得到进一步提高。这种任务阅读学习是对学生阅读学习过程的深入，能充分调动学生的多种语言学习感官，开发学生的学习潜能，树立学生学习的信心。运用这样的方式教学，能使学生的阅读学习过程更具体生动，对培养学生的英语学习思维起到深化和延伸作用，激活学生的学习思维。除了要求学生带着问题进入文本阅读学习过程之外，建议学生充分运用身边的学习资源，进行多元化的学习探究，围绕文章表达主题，深入探究其中的表达重点，增强学生的自觉运用能力。

阅读习惯的好坏直接影响着阅读的效率。然而好的阅读习惯并非一下就能养成，只能在教师正确的指导下，在阅读实践过程中逐步培养。因此，每次进行阅读训练，都得向学生提出些具体的要求：首先，阅读时不要出声，要默读。出声阅读的主要弊端是使学生的阅读速度受到了说话速度的制约。其次，不要逐字逐词的读，而要以意群或句子为单位。逐字逐词的阅读过多地把注意力放在单词上，不仅影响阅读的速度，而且往往不容易抓住文章的中心大意。可教学生采用略读迅速浏览全文，抓住文章大意和主题句，明确作者的态度和意图。最后，在阅读过程中，不可避免地会遇到生词，要让学生养成根据上下文猜测生词再去翻词典。对不影响理解的文章的生词要学会放手，只有这样才能保持阅读兴趣。

教师要根据学生的阅读学习情况，优化阅读思考探究资源，围绕阅读难点细化探究任务。教师可根据学生的个体学习差异，优化探究主体，鼓励学生运用小组讨论、同桌交流等方式深化阅读学习，培养学生的主动学习探究能力。在任务阅读教学中，培养学生的运用能力是阅读教学的终极目标和任务。一方面，能够体现课程阅读教学中“培养学生跨文化语言学习能力”的理念，丰富学生的文化知识。另一方面，能够让学生在阅读延伸的素材中增长知识，提高综合语言运用能力。在阅读教学中，围绕学生的阅读学习发展需要，注意运用多样化的方式进行延伸，起到补充课内文本语言知识的作用，培养学生思考感悟和综合运用的能力。对此，可根据任务阅读发展要求，借助电子读物、报纸杂志、网络媒体等为学生提供丰富的语言阅读学习素材，让学生在阅读中提高能力。

（三）促使学生掌握阅读技巧

授人以鱼，不如授之以渔。现代教育更重视培养学生的自我发展能力，这就要求教师不仅要教学生“学会”，而且还要教学生“会学”。要用各种方法教会学生“怎样学”，使学生具备学习和运用英语的能力。在阅读过程中根据不同的阅读目的和要求，采取不同的阅读技巧，遵循由浅入深，由表及里，由具体到概括的顺序阅读。常见的阅读技巧是通过整体粗读，领略内容大意，为细读作准备；寻找主题句，获取大意，找出每段的主题。一篇文章通常是围绕一个中心展开的。在进行阅读课教学时要有意识地培养学生找出主题句，抓住中心，使学生理解主题句与文章的具体事实细节的关系，没有主题句的段落就引导学生依靠段落中的衔接、句际关系来分析、推断和概括段落的大意，从而达到整体理解的目的，获得文章表达的正确信息。

（四）让学生在广泛阅读中扩大词汇量

在阅读英语文章时，难免会碰到超纲的单词，这时如果词汇量够大、够丰富，就有了优势。同时，在阅读过程中，每遇见一个生词，学生的思路往往就会停顿，去猜测单词的意思。如果在一篇文章中停顿的次数过多，就会无法理解作者写文章的思路和立意，也无法得心应手地解答题目，因此应注重词汇的学习与积累。词汇的积累是一个循序渐进的过程，每学期初应确定一个目标。除牢固掌握课文中的单词外，还要记忆一定量的课外阅读材料中的单词。每月归纳，积少成多。此外，还要注意掌握构词法。构词法不仅能帮助学生扩大词汇量，而且有助于记忆。教师可以鼓励并指导学生阅读一定数量的学科性较强、富于哲理、异国文化较深层次的文章，以拓宽阅读内容。阅读材料可以是名人轶事、历史传说、民间故事、寓言、幽默小品、新闻报道、史地常识、科普文章等，要求篇幅适当、内涵丰富、难度适中、生词较少。通过广泛的阅读，不仅有利于扩大学生的词汇量、还有利于学生了解英美民族的文化背景、生活、习俗、思维习惯及英语特有的语言表达方式，从而提高阅读理解能力和英语运用能力。

二、高校英语阅读教学中的阅读策略训练

（一）大意阅读策略：浏览

大意阅读是基本的阅读理解目标，要获取所读文本的大意，可以采用的策略很多，常见的有：一是根据标题确定大意；二是根据文章首尾段、首句、结论句判断大意；三是根据文章每一段的主题句判断文章主题；四是根据文章的副标题判断主题；五是通过对文章核心内容的概括判断主题；六是快速阅读全文、概括大意。

（二）细节理解阅读：跳读

跳读（也称扫读）是最常用的阅读策略。跳读需要学生能够根据阅读的目的分配注意力，阅读时将注意力集中在要获取的相关信息上，忽略与阅读任务不相关的信息。

1. 区分直接性和间接性问题

直接性问题可直接在英语阅读文章中找到答案，这些问题通常是有关人名、地名、时间和数据的问题，或一些结论、名言等。

2. 注意阅读中的陷阱

这类陷阱往往出现在直接性问题上，往往集中在文化背景差异、英美语言差异等方面。

3. 评论性问题的解答

由于此类问题含括的内容较丰富，所需生活和材料背景较详实，因此学生要仔细推测作者的写作意图，提炼出材料所提供的信息，做出简要评论。

（三）隐含意义理解策略：推理

在进行阅读活动的同时，如果读者能根据已知信息对下文内容进行预测，将使得阅读成为一种享受。读者会发现他们能够分享作者的思想和情感，常常会有身临其境的感觉，这通常被认为是阅读的理想境界。因此，有经验的读者都会根据所获信息提前预测文章内容。推理是理解文章隐含意义的重要策略。但是，推理可以是由具体到一般的概括，也可以是由一般到具体的类推，还可以是话语隐含意义的推断，而这都要求学生具备应有的图式，同时也要求学生具备应有的语言知识。

1. 根据句法理论进行推论

句法是研究词组合成句子的规则。英语是一种形态比较丰富的语言，词类与句法成分有比较整齐的对应关系，每种句法成分有比较固定的功能。比如主语或宾语一般由名词或者相当于名词的词或短语充当，主要用来指人或者事物；谓语一般由形容词、动词或者相当于形容词、动词的词或短语充当，用来对主语进行陈述和说明；主谓宾大体上说的就是某人干某事。有了这些基本的句法理论知识，学生就可以推论。

2. 根据生活常识、日常经验、背景知识进行推论

比如："When the phone finally rang，Joe leaped from the edge of his chair and grabbed for it."“leap”是“跳”的意思，“grab”是抓的意思。根据日常生活经验可知，当电话铃声响起时，一个人能从椅子上跳起来，而且抓住电话，说

明他对这个电话很期待，此时内心很焦急也很紧张。人物的言行往往反映出人物的内心活动，所以在阅读中抓住那些关键的动词、语句，再结合自己的生活经验进行合理的推论，就能深刻体会语言背后蕴含的深意。

3. 利用语篇理论对文章进行推理

英语语篇结构呈线性结构，能把握住文章的整体结构，对文章的深层含义有更深刻的理解。比如英语文章常采用总分式结构，而且每一段都有主题句和中心句，往往是先陈述主题，再对主题进行详细的说明。所以在推理前，首先要明确文章的体裁，句和句之间的关系，段和段之间的关系，每段的中心句是什么，在此基础上，抓住关键词进行事理逻辑之间的推理，最终推测出作者想要传达的含义。

4. 利用文章的线索进行推理

在文章中作者往往会使用很多连接词。在有些文章中，这些连接词可以起到承上启下、转折、增补引申、概括总结、推论等作用。它们可以提示读者文章的情节将如何发展、作者将告诉读者什么。因此，在英语阅读时，如果能把握、注意连接词在文章中的用法，学生将能够在较短的时间内捕捉到重要的信息，加深理解程度，从而做出合理的推断。

（四）理解受阻应对策略：词义猜测

英语阅读过程中，如果遇到不能理解或者难以理解的词语，学生可以选择忽略，也可以查词典，更可以猜测。

1. 根据定义或释义猜测词义

在许多文章中，特别是科技文章，某些生词的词义会在下文中得到解释或说明。这些解释有时以定义、定语从句、同位语形式出现；有时用破折号、冒号等符号引出；还有时用 that is，or，in other words 等词语引出。

2. 根据因果关系猜测词义

好的作者经常把一些因果关系设在句中，以求读者能更好地理解其阐述的观点。而这些因果关系常常借助关联词，如 since，for，so，thus，as a result of 等表示出来。

3. 根据文中所列举的例子猜测词义

为了说明或证实，不少文章中经常会举例，所列举的这些例子往往给学生提供了猜测生词词义的重要线索。常用的词语有：for example，for instance，such as，like，take… as an example 等词语。

4. 根据对比转折关系猜测词义

一个句子中可能含有这样一个词，它与生词具有相反的意义，作者使用时常用 on the other hand，however，although，yet，but，unlike，while，not 等转折语提醒读者，表明作者要使用一个与生词具有相反意义的词语。

5. 利用上下文来推测词义

生词不是孤立的、封闭的，有些生词的意义可通过具体的语言环境，上下文提供的信息来判断，甚至它们所在的句子、段落都会提供很多的暗示和线索。

6. 利用英语背景知识猜测词义

了解英语国家的文化，掌握一些词语的联想意义、社会意义及语用规则，才能真正读懂英语文章，了解其内涵。例如，blue 一词，有的学生只把它理解为“蓝色的”，但在英语中，常表示“忧郁的，沮丧的”或“意想不到的事”。

三、高校英语阅读教学中学生阅读策略的培养

（一）大意阅读策略培养

首先，标题阅读。标题是文章主题的体现，根据标题推断文章的主题大意自然就是一种最简便的阅读方式。教材中常有让学生选择标题的活动，其实就是对主题理解的训练。但是，作为一种阅读策略，还是要训练学生根据文章的标题判断文章主旨大意的能力。其次，首尾句阅读。首尾句阅读同样是大意阅读的一项策略。教师可以让学生只读文章的首句或每一段的首句来判断文章的主题，也可以让学生阅读文章的尾句（一般是结论句）来判断文章的主题。必要时，教师只给出文章每段的首句，训练学生根据首句来判断主题的能力。

（二）预测策略培养

首先，标题预测。基于学生的讨论预测文章可能涉及的内容，如课文与“文艺复兴”有关，教师可以用表格的形式要求学生阅读后填写关于文艺复兴的时间、地点，文艺复兴涉及的领域、代表人物、代表作品等。其次，根据文章的结构预测。有时可以让学生根据文章的结构进行预测，比如 *Daily Newspapers in Britain and the United States* 一文，除根据标题对文章内容进行预测外，可以让学生首先根据标题推断文章的结构，明确了文章的比较对照结构以后，可以组织学生预测文章会分别比较英国和美国报纸的哪些方面。最后，首句预测。当然，就 *Daily Newspapers in Britain and the United States* 一文而言，就可借助文章的首句“Newspapers in Britain can be divided into the quality press (move serious newspapers) and the popular press.”推断文章可能涉及的内容。

（三）元认知策略培养

首先，同伴阅读。同伴阅读可以培养学生根据阅读目的选择阅读方式的能力。活动中学生两人一组，要求只有在听到对方的问题后才能开始阅读，根据对方的提问选择阅读方式。这种活动可以培养学生的策略选择意识。其次，项目阅读。项目阅读可以培养学生的资源利用策略、规划策略和自我评价策略。比如有关“节日”的课文，可以让学生合作完成一个圣诞节的网页或海报制作，要求学生不仅要阅读课文、利用课文中的材料，还必须检索网络、阅读报纸或杂志获取信息；网页或海报要有主题、图文并茂，网页上要有视频。这样不仅可以促进学生阅读理解能力的提高，更可以培养学生规划、监控、管理和资源利用的能力。

第三节　新时期高校英语阅读策略在不同阅读题型中的应用分析

一、英语阅读策略在主旨大意题型中的应用

主旨题考查的内容主要包括主题思想、写作意图和标题，相对比较难。要求学生超越文字本身的理解，把握文章的结构形式和推理过程，这需要扎实的基本功和较高的英语综合水平。该类题型多出现在议论文和说明文的问题中，要求学生熟悉议论文和说明文所设置的结构特点，迅速把握文章的主题和脉络。测试学生对文章的中心思想或段落大意的理解，是对学生综合归纳能力的考查。文章的结构形式一般为：提出问题——论述问题——得出结论或阐明观点。

（一）常见的英语文章结构

（1）演绎型。结构模式为：总论+分论，遵循从观点到材料、从抽象到具体的逻辑法则。

（2）对比型。其段落发展主线为两种事物之间的对比，可以是两事物不同特点的分层次对比；也可将两事物分别介绍，然后再进行对比。

（3）驳论型。提出一个得到普遍认可的观点。

（二）主旨大意题常见的问题方式

（1）What is the main topic（idea，theme，subject...）of the passage/the paragraph?

(2) This passage is mainly about...

(3) The best title of the article/passage is...

(4) What can we learn from the passage/this paragraph?

(5) Which of the following is the main idea of this passage?

(6) The author's purpose in writing this passage is...

(三) 主旨大意题的解题策略

解答这类题目的关键在于确定文章的主题思想，找出主题句（topic sentence）。文章的主题句通常位于首段或尾段，有时也出现在文章的中间段落。段落的主题句多位于段落开头或结尾，也有少数在段落中间。如有主题句，就能很容易确定文章或段落的主题，从而选出正确的答案。若段落属于描述型无主题句，学生则必须带着问题细读文章的首段和尾段，经过反复阅读进行归纳总结来找答案，主旨大意题的答案往往就在段落的主题句中。因而确定主题句就成为阅读技能的核心内容。一般来讲，主题句有以下五种方式出现在文章之中。

1. 首句主题句

大多数文章的主题句恰恰就是文章的首句。对有关的话题先做总的陈述，所以要特别用心读首句。

2. 尾句主题句

有的文章主题句出现在文章的结尾。这类文章一般以列举事实开头，通过论证得出结论。

3. 首尾结合主题句

更多的文章在开头提出问题，直述主旨，通过论述，最后再次重述文章大意，起到强调作用，同时使得文章结构清晰、明确、有说服力。

4. 中间句主题句

这类文章结构和首句主题句相似，只是在开头部分有个引子，作者以轻松的笔调开始，为的是吸引读者的兴趣，然后在文章的中间提出自己的观点，起到桥梁的作用，最后再解释或展开提出的观点。

5. 无明显主题句

如果文章中没有出现主题句，这就要求学生先通读全文，归纳带有论点段落的要点，然后综合几个要点得出全文主旨。

二、英语阅读策略在事实细节题型中的应用

事实细节题在阅读理解考试中占的比重较大，其试题的问题方式也没有固定的模式，这一点需要学生在日常学习中多加注意。事实或细节是文章中用来论证或说明主题的依据，主要是检查学生正确把握文中信息的能力，是否掌握了作者用来阐述主题的有关事实和细节，对文章的理解是否全面、透彻。这类试题难度不大，不掺杂主观内容，而是针对文章的某个具体细节，如时间、地点、人物、事件、原因、结果、条件等，常以 who，when，where，what，why 和 how 等提出问题。一方面，在阅读过程中要注意典型的 wh-信息；另一方面，通过分析问题题干迅速把握考查内容，根据 wh-信息确定问题的出处。命题人在设计问题时，往往在题干中运用同义词替代短文中的词句，学生应该通过这类表达迅速确定问题在文章中的出处。

（一）事实细节题常见的问题方式

（1）When（Where，Who，Why，What，How，Which，etc）...？

（2）All of the following are mentioned in the passage except...

（3）According to the passage，the best answer to... is...

（4）Which of the following is NOT MENTIONED？

（5）From the passage we know/learn that...

（6）Whose suggestion was adopted at the meeting？

（二）事实细节题的解题策略

此类题的答案均可在文章中找到，但答案的表述常常不是文章中的原话，而是使用同义的词语或句子。因此，在回答此类问题时，应首先仔细阅读题目，弄清具体要求，以及所给的四个选项，然后在题目或选项中确定关键词，再利用关键词找出文章中相对应的细节性句子，与四个选项进行对照，以确定正确答案。如果题目或选项中有专有名词（人名、地名等）、数字（年代、时间等）要将此定位为关键词。因为这些词有特点，在文章中很容易找到。如果题目或选项中没有明显的词，可以定位主要的名词或动词为关键词。

三、英语阅读策略在推理判断题型中的应用

推理判断题测试学生的逻辑推断能力、数字推测能力、语言分析能力、综合归纳能力等，不同于主旨题和细节题，需要学生通过字里行间，根据文章的

内容或结构进行综合的推理分析，然后推出作者的隐含意义，做出合乎逻辑的推论。这类题往往有一定的难度，它包括学生对作者观点的理解、态度的判断，对修辞、语气、隐含等方面的了解。这种题中干扰项对答案颇具干扰力。

（一）推理判断题通常包括的内容

（1）针对文章中的某个细节进行推断。

（2）根据文章推测作者的观点、目的、态度和思路。

（3）推断文章中没出现的前一段或下一段的内容。

（4）针对文章人物性格的推断。涉及词汇、语法、句型、段落结构、文化背景等各方面知识。要求学生通过字里行间，根据文章内容做出合乎逻辑的推论。

（二）推理判断题常见的问题方式

（1）By saying..., the author suggests that...

（2）It can be concluded/inferred from the passage that...

（3）It can be inferred that the preceding/following paragraph of the passage most probably discussed...

（4）Which of the following might be discussed after the passage?

（5）Where would this passage most probably appear?

（6）What can we learn from the passage?

（三）推理判断题的解题策略

解答推理判断题切忌主观臆测，推理必须是基于文章中的具体事实细节进行。所以在做此类题时，虽然在文章中不能直接找到答案，但是一定要在文章中找到推测的依据进行合理严密的推断。如果是针对文章中的某个细节进行推断，就要先在文章中找到该细节所在的句子，在正确理解该句的基础上推断出未知的事实。如果是根据文章推测作者的观点、目的、态度和思路，应该首先确定文章的中心思想，然后根据中心和作者所陈述的事实及细节进行推断。注意通过表示逻辑关系的标志词语，领会句子之间的逻辑关系。此外，在回答对作者观点的理解、态度的判断题时，学生应掌握一些表示态度、评论的词汇，常用的有：表示肯定或赞赏的，如 positive，praising，advocating 等；表示否定或反对的，如 negative，opposing，critical 等；表示中立的，如 neutral，objective，impartial 等；表示关切的，如 sympathetic，concerned，understanding 等。

1. 采用因果推理

因果推理是一种重要的推理判断能力，因为因果逻辑是阅读理解中最重要的一种逻辑关系。因果关系在原文中多以表明因果关系的词汇或短语（because，so）或以表示目的（行为是因，目的是果）、条件（条件为因，结果为果）、并列和承接（前句为因，后句为果）的词作为提示。

2. 采用归纳推理

归纳推理是由“个别到一般”的推理过程。要注意原文中的事实描述和细节描述的部分，并运用一定技巧将其进行总结。

3. 采用关联推理

通常情况下，每篇文章都应具有一个统一且鲜明的主题。主题是连接各段内容的内在逻辑关系。解决这种推理判断题的方法是：通过仔细通读全文掌握文章的主旨，然后分析各段的大意，确保顺利理解全文意义。

四、英语阅读策略在语段阅读题型中的应用

语段是一篇文章的重要组成部分，也是综合考查学生语言运用能力的主要内容。

（一）语段阅读题型的主要考察点

（1）根据材料查找主要信息及重要细节。

（2）正确理解阅读材料中指定词语、语句的准确含义。

（3）概括归纳阅读材料的中心、主旨。

（4）判断新组成的语句与阅读材料原意是否一致。

（5）根据上下文合理推断阅读材料中的隐含信息。

（6）判断作者的态度、意图、倾向、目的。

（二）语段阅读题型的注意事项

1. 先看要求，有的放矢

接触到语段阅读题型以后，首先尽快把语段后面的要求看一遍，明确要解决的问题，做到胸中有数，有的放矢；然后带着这些问题去阅读测试语段。这样既节省时间，又有针对性地分析理解阅读语段，是一种经济有效的方法，可以收到“事半功倍”的效果。

2. 通读语段，把握中心

在明确了语段测试的要求之后，就要通读语段，从整体上把握语段的内容

和中心意思，明确语段的主旨和结构特点。这样就可以总揽全局，做到高屋建瓴。阅读过程中，最忌读一句与后面的问题对一句，或者未读完整个语段就停下来对某一问题冥思苦想，按图索骥，这样不但会浪费时间，而且还会破坏对语段内容的理解和整体把握，答案也往往会出现片面或错误的结论。

3. 体会意图，抓纲找目

一篇文章必有一个主题即中心话题，一个语段往往也有个中心。既然有主题就一定有主题句及围绕该主题句加以阐述的发展句。主题句与发展句在语篇或段落中相辅相成、缺一不可。找到了主题句也就找到了短文或段落展开的依据。

主题句是语篇或段落之纲，在实际阅读理解中迅速准确地辨认主题句也并不太容易，特别是语篇或段落中无明确主题句。一般说来，语段的中心意思常常是用一个或两个句子集中表达出来的，这个句子就是语段的中心句。无论是议论文，还是记叙文，抑或是说明文，中心句的出现常常有两种情况，即语段开头的一二句，或者语段末尾的句。开头一二句常常是表达文章和语段的观点或是引述观点的前提；末尾一二句又往往是总结性的句子。其他句子大都是用来说明和阐述中心句所要表达的意思的。当然，也有把中心句安排在文章或语段中间部分的，甚至并无十分明显的中心句，而是将中心隐含在全段各句中，只能靠学生去归纳概括。

五、英语阅读策略在语义理解题型中的应用

所谓语义题就是从文章的某句话中选出一个单词、短语或词组进行提问，要求学生对其进行一定的分析，推测出其在文章中的特定含义。主要用来测试学生对文章中出现的关键词或词组在特定语境中具体含义的理解能力，即检测学生通过上下文线索理解某些词语或句子的能力。

（一）语义理解题常见的问题方式

（1）Which of the following has the closest meaning to...?

（2）The author uses the expression... to refer to...

（3）The word... can best be replaced by...

（4）The phrase... in the passage means most nearly the same as...

（5）By..., the author means...

（6）The sentence... in Para... can be best replaced by...

（二）语义理解题的解题策略

语义理解题常考有指代上下间语义功能的名词和一词多义的词组，另外复杂句由于其句子之间的关系复杂，也常成为考察理解能力的一种手段。旨在检查学生正确理解文章的词语信息、根据上下文猜测词义的能力。词汇和阅读之间的关系是辩证的：既要读懂又要读得快，就必须具备一定的词汇量；反之要扩大词汇量，就离不开大量的阅读实践。要做好阅读理解语义题，学生必须通过大量阅读扩大英语词汇量，同时还要学习和掌握一些基本的猜词方法。遇到生词后，可从构词法角度分析判断生词；也可通过同位语、定语、标点符号、标志词、语境或常识等猜出词义。

解答这类题目时，首先要找到该词或短语所在的句子，然后确定单词的词性以及单词、短语等在句子中所起的语法作用，明确整个句子的含义。同时对上下文进行认真的分析，以确定上下文中是否有该词的定义、同义词、近义词或反义词，从而判断出正确答案。还可以运用语篇分析，根据上下文逻辑关系，联系日常生活中的有关常识，分析出合理的场景因素，推断单词或短语的含义。解答这类题的常用方法有：

1. 定义法

文章的作者在行文中有时常常在文章中解释某些词语。作者或通过同位语，或使用定语从句加以阐明或用某些标点符号等。

2. 近义复述法

同一篇文章中前后两个句子、短语或单词通常有互相解释的作用。这样，学生就可以从上下文的复述中获取与某一单词或短语相关的信息以猜测词义。

3. 并列对比法

利用上下文中的对比或并列表达猜测词义是最常用、最可靠的方法。在内容上表示并存的事物或现象，共同说明一个话题，通常有 and，or，as... as，apart from，like，similar 等连接词提示。

4. 举例法

举例也是常用的猜词手段。举例通常以 for example，for instance，like，such as，and so on，that is 来表示。

六、英语阅读策略在快速阅读题型中的应用

快速阅读就是以较快的速度在规定的时间内有目的、有方法、高效率地阅读材料，以便从中准确地获得所需的信息。快速阅读是全国四、六级考试改革

后新增加的题型，旨在测试学生在实际语言环境中查询有效信息的能力，即英语实际应用的能力。这是之前学生不太重视的地方，也是阅读能力的薄弱环节。

（一）快速阅读应注意的问题

1. 判断出所给文章的类别

根据文章性质，着重掌握和记住某些关键内容和词汇，这样既抓住了要害，又节省了时间。如果是故事或传记，应注意找出主要人物、事件发生的时间、地点、主要情节以及最后结局。新闻报道和史地知识介绍往往是一人一事，比故事和传记要简单，但也离不开记叙文的基本特点，对于上述要求，同样适用。而新闻报道特别强调时间性、准确性，因此要搞清时间、地点和数字。

2. 不要边看问题边从文中查找答案

用这种方法难以提高阅读理解的效果，尤其是对于需要深层理解的文章。学生应浏览全文，了解全文的概貌，记住文章的要点、重要的结论以及一些关键性的人名、地点定义和数字。

3. 找出主题句

利用主题句来查找有关信息。一般说来，论述性较强的文章或说明文，每一段或相关的几段里总有一个句子是主题句。读了主题句后，便能知道这一段大致的中心内容。

4. 对不影响句子或全文理解的生词可以跳过去

遇到不影响句子或全文理解的生词时，可以不管它跳过去。遇到重要生词时，也不要着急，可根据上下文或构词法等来猜出这个词的大致意思。

5. 用“倒读法”

许多学生喜欢用“顺读法”来做阅读理解题，就是先读短文后读文章后面的问题，然后再读短文寻找正确答案。本书比较赞成“倒读法”，即先读文后问题，然后读短文，最后寻找答案。因为这样是带着问题阅读，目的明确，容易集中，能及时抓住文中与解题关系密切的信息，从而节省了阅读时间。

（二）快速阅读题的解题策略

1. 进行推测

阅读正文前，就标题推测大概内容，也可在读了两三段之后预测下段内容。这对快速理解和整体把握文章以及推测生词的词义有积极的意义。因为英语单词一词多义现象太普遍，一个单词在不同的专业领域往往含有不同的意思，甚至有的单词在同一专业领域在其意义的具体把握上也有差别。

2. 抓住关键词句

在对文章的整体内容有了基本认识的基础上，学会抓住主要的词句，找出段落中的主题句，从而正确领会文章的主要内容，并注意是否对自己有利用价值。

3. 采用略读或浏览

快速阅读文章，领会大意，提取出读物中关键性的东西。一般而言，通过标题可知道文章的主题。对文章的首段和末段多加注意，以便发现作者的观点。

4. 采用查阅或扫读

从形式上看，扫读是粗粗地一扫而过，但从学生的注意力方面来看，却又是高度的集中，在快速阅读中仔细挑出重要信息。其特点是快，但又要全部扫及。因此，查阅可以理解为迅速找出文章中的有关事实细节或某一具体信息。有时要找出某一个单词或词组，如人名、地名、日期、价格等；有时要找出文中所述的某一特殊事件，而这一事件可能是由一个词或短语交代的。

5. 随时变换速度

由于阅读是一种有相当心理负荷的脑力劳动，因此即使同一个人阅读同一份材料，在开始、中途和结束时的速度不可能一样。读物的体裁和难度不一样，阅读的速度也不同。不要过分焦虑自己的阅读速度，以免造成不必要的心理压力。随着速度的提高，理解的程度会有所降低，所以应认识到阅读文章时的速度是可以调节的，只有合适的速度才可能获得快速准确的阅读效率。

6. 克服不良的阅读习惯

从主观上克服注意力容易分散，即所谓“思想开小差”的毛病，高度集中自己的注意力；从客观上克服各种无意中形成或由来已久的坏习惯，如玩弄纸笔、摇头晃脑等。这些小动作会分散学生的注意力，影响思考，降低英语阅读速度。

七、英语阅读策略在简答题型中的应用

简答题的重点是具体细节，要求学生在理解短文的基础上，能够用尽可能简短的语言回答所提问题。主要考核学生对英语书面材料的确切理解能力，尤其是考查学生以下几方面能力：分析结构、把握主旨、概括大意的能力，准确、迅速地把握具体细节的能力，一定的推理判断能力。

（一）简答题常出现的解题错误

（1）答非所问。

（2）答题内容不连贯，逻辑性不强，语言错误多。

（3）不加以总结概括，只是照搬照抄原文的句子。

做这类简答题应注意的关键是：首先分析全篇文章的文体结构，据此确定文章主题大意；其次，把握表述主旨的重要细节，因为多数问题都是围绕这些细节展开的；最后，用自己的语言简短而又准确地回答所提问题。

（二）简答题的解题策略

简答题基于理解，重在表达，要求精炼概括，言简意赅。简答题的答案要体现“简”与“准”二字。做这类题时，学生不仅要有较大的词汇量、较好的阅读理解能力、较高的写作水平和较强的语言概括能力，还要掌握一定的解题策略。

1. 明确题目要求，回答要简短

做题前先审题，这是关键的一环。注意能用单词就不用短语，能用短语就不用句子。不必展开，这样既节省时间又避免出错，当然回答必须正确、全面且语言简练、准确、具有概括性。通常简化繁句的方法有：利用缩写，如将 could not 缩写为 couldn't；把两个词合成一个复合词，如 double-worker；用单个的词代替短语；用短语代替句子；用单个句子代替复合句或几个单句；适当运用省略等。

2. 掌握问题的类型

（1）主题概括型。这类问题通常考察学生对语篇的整体理解能力以及分析、推理、归纳等逻辑能力。在阅读时要设法抓住文章的中心思想。因为每一篇文章都有中心思想，作者自始至终都会围绕这个中心思想展开。文章的每一段都有反映、证实中心思想的主题句，这个主题句在段首或段尾。有时则不出现在段落中，而是通过其他描述、解释体现出来。只有找到了主题句，才能抓住文章的中心，才能准确地理解全文，才能提高我们回答问题的准确度。

（2）具体细节型。这类问题通常考核学生对具体事实、时间、地点、人物、同义词、反义词、目的、内容、区别等细节问题的确切理解能力。当一段话理解起来不太容易时，多读几遍也许能清楚些。但有时是否能理解整篇文章取决于对一个句子的理解能力有些句子比较长，有些句子不仅包含 ·个意思，有些句子语法结构比较复杂，这些问题都会对文章的理解带来困难。对此，可先确定句子的难点。比如，若一个句子中有很多难词，可以先把它们划掉，也许去掉了这些词并不影响对整个句子的理解。若一个句子较长，可把它分成几个小部分，也可以找出能体现中心思想的具体表达方式。通常来说，对中心思想起帮助说明作用的部分一般由逗号分开，或由 which，what 和 that 之类的词来引导。

3. 读懂问题，查找线索，抓关键词

一篇文章的关键词构成语篇的精髓，抓住了关键词，不仅有助于理解文章，而且表达上也能言简意赅。学生可先读懂问题，后浏览全文，并在文中标出问题中的线索词，以保证其答案至少在内容上能够做到完整无缺。先看题后读文章可以避免盲目性，效率比较高。若有选择、有重点地接收信息，做题的速度就比较快，这种方法要求读者有相当好的理解力和记忆力，对于英语基础较差的学生来说不是件易事。

4. 注意提问方式和答案的协调性

不同类型的问题要求有不同形式的回答。例如，就目的提问，答案应当用表示目的的用语，不定式短语，for 短语；就原因提问，答案应当用 because of 短语或 because 从句；提问词是 what，只能用名词或名词性短语、名词性从句来回答。

5. 避免语言错误

组织答案应认真细致，避免使用不熟悉的句型、词汇或短语，尽可能利用原文中的关键词语回答。避免语言形式错误，特别是回答问题时要注意首字母要大写。未完成句要注意全句结构是否一致。同时避免语法错误，注意主谓是否一致、时态与原文是否对应等。

第五章　新时期基于语篇分析的高校英语阅读教学模式研究

语篇分析是超越句子界限的应用语言研究。随着近年来语篇分析理论的不断发展和完善，它在语言理论研究和实际教学中具有越来越重要的作用，在高校英语阅读教学中同样如此。本章将主要针对基于语篇分析的高校英语阅读教学模式展开研究。

第一节　语篇分析教学概述

一、语篇与语篇分析

（一）语篇

功能主义语言学是当前非常重要的语言学流派之一，其研究的着眼点在于语篇而不是句子。系统功能语言学家韩礼德（Halliday）认为，语言有三大功能，即概念功能、交际功能和语篇功能[①]。语言是一种特殊的社会符号系统。人类的交际与思维不是通过语句而是通过语篇来实现的。

那么，什么是语篇呢？语篇是社交语义单位，通过小句复合体、词组、短语或词这些词汇语法单位来实现。韩礼德的学生继承这一概念，并区分了词汇语法和语篇语义。胡壮麟认为，语篇是指任何不完全受句子语法约束的在一定语境下表示完整意义的自然语言[②]。黄国文认为，语篇无论是口头表达，还是

---

① 崔俊媛．语篇分析与英语阅读教学研究［M］．北京/西安：世界图书出版公司，2017：50.

② 王立非．商务外语研究 1［M］．北京：对外经济贸易大学出版社，2010：8.

书面表达都必须衔接，符合逻辑，语义连贯①。其连贯不但要依靠语篇表层结构中各个句子之间的衔接，而且要符合语义、语用和认知原则。因此，语篇是指具有交际功能的语言片段。既可以是一个词，又可以是句子、语段，甚至整个语篇。

（二）语篇分析

语篇分析是对句子、语段或更大的、表达完整意义的语言单位进行的分析，小句是语篇分析的最小单位。语篇分析包括微观和宏观结构研究，前者研究句子构成要素之间、句法结构，以及句子之间的关系，探讨一系列句子如何组成更大的连贯的语篇；后者研究语篇的整体结构、下层结构以及上下层结构关系，进一步了解语篇的谋篇布局与意图，达到理解语篇的目的。语篇分析没有一个单一的理论做指导，也没有公认的分析步骤和分析方法，其基本内容包括：衔接、连贯、句子、句组与语篇、句际关系的类型、语篇的结构、分析平面等。

小句是语篇中的基本单位。语篇的线性结构成分包括五级由大到小构成的层级网，模式如下：

语篇（含题目）—语段（段落）—句群—复句—小句

一个完整的语篇，由上述五级单位构成，其中的构成虽然以语法单位为基础，但并不等同于语法单位。成活律、包容律和联结律恰好是句子由句法到语篇的重要参照范畴，可以看作是三个范畴特征。

在上述特征中，连贯和关联模式指的是小句必须具有前后照应和相互关联的内容。而衔接语较为复杂，可以按主观性的有无分为话语标记和语用标记，这两种标记又可以按照信息量的有无、强弱进行分类。语篇中最为典型的小句应该是三个范畴都具备的小句。

划分语篇小句的主要标准建立在主谓结构上，其次考虑停顿、功能等因素。即语篇中的“小句”首先指的是单句，其次，小句指的是结构上相当于或大体相当于单句的分句。同时，可以将具有动态特征但可以做句内成分的主谓结构以及作宾语的主谓结构也看作小句。

语篇分析是一门新兴的学科。美国结构主义者哈里斯（Harris）在《语言》杂志上发表了《语篇分析》一文，被看作是现代语篇分析的起源。1976 年韩礼德与其妻合作发表了《英语的衔接》一书，使衔接一词正式成为语言学术语而被广泛运用。此后，语篇语言学取得了长足的发展。

---

① 黄国文．语篇分析概要［M］．长沙：湖南教育出版社，1988：87.

二、语篇分析教学

（一）语篇分析教学的含义

英语阅读教学中的语篇教学法是指从语篇入手，把语篇作为一个整体进行语篇结构分析的教学方法。这种方法要求教师在教学中从宏观角度出发，将语篇作为一个整体来处理，指导学生从语篇的形式和内容两个方面入手，结合语境来理解语篇的结构、中心思想，把握作者的写作意图等，既注重语言形式，又注重语言功能，而不是只停留在对目的语单个词句的表层分析上，充分发挥学生的主观能动性，帮助学生最大限度地获取语篇中的有用信息，培养学生正确理解和使用语言的能力。

这种方法克服了传统的逐句分析讲解的阅读教学模式的不足，使学生能够结合上下文语境来思考有关问题，有助于学生交际能力的培养，也有助于提高学生的课堂参与意识，为其他能力的提高奠定了坚实的基础。语篇分析的知识不仅有助于教师分析讲解课文，更主要的是它提供了在真实的情况下指导学生如何使用语言的方法。它也提示了人们使用语言时可能出现的问题，以及问题出现后如何弥补困境，减少其不利影响。

语篇分析不只是语言教学的一种方法，而是为我们提供了一种完全不同于句子支配模式的观察语言的角度，虽然传统的语法、词汇和语音体系在这里仍起着根本的作用，但是这种模式包括的范围更广阔、更相关。为此，在阅读教学中应该注意，强调语篇分析并不是就此消除句法分析，句法分析仍然是语篇分析的重要基础和依据。

（二）语篇分析教学探索

近年来，语篇分析研究取得了令人瞩目的成就。语篇分析与教学的结合也越来越密切，语篇阅读教学已引起学界的高度重视。一些学者也尝试着从语篇分析的角度进行英语阅读教学的探索，主要表现为以下几个方面：

一、调研英语教学（包括大学英语和英语专业）中存在的问题，积极着手进行将语篇分析理论运用到英语教学的理论尝试，如刘辰诞的《教学语篇语言学》。再如：贾智勇的《试论英语语篇教学与综合能力的培养》对英语语篇教学的含义、意义进行了分析，就如何搞好语篇教学提出了自己的看法，并进行了探讨；李炯英和秦智娟的《第二语言阅读策略研究 30 年：回顾与展望》总结了国内外阅读策略研究的许多发现及其主要特点，并说明了该领域未来研究的发展方向；叶爱英的《语篇教学法的实际使用》以具体的课文单元为示例，基于语篇教学法为其设计一个可行的教案，探索语篇教学法在英语教学中如何行之有效从而提高英语教学效率；余中伦的《英语教育专业学生语篇阅读策略研究》通过实验得出了英语教育专业学生语篇阅读策略系统，对成功阅读者和不成功阅读者所运用的策略进行了对比分析；刘丹丹在《中国英语学习者的阅读策略研究》一文中运用定量和定性研究的方法，分析总结了中国英语学习者在阅读策略使用上的情况和成功阅读者与不成功阅读者在阅读策略使用上的不同以及这些策略的使用与阅读成绩之间的关系；毛启红的《语篇分析与高级英语教学》以语篇分析理论为基础，从实际教学安排角度展示语篇分析教学法，强调了培养学生语篇分析能力的重要性。

二、宏观上探讨语篇分析理论与阅读教学的结合问题。如熊莉《现代阅读理论与新形势下的专业英语阅读教学》联系现代阅读理论，结合当前实际，提出了专业英语阅读教学改革的几点建议：重视对语篇层面的教学、重视交际能力的培养、重视文化背景知识的融入等。刘玉红的《试论我国专业英语阅读教学面临的问题及对策》通过对目前我国大学英语阅读教学中存在问题的分析，提出阅读教学应重点围绕语篇理解及阅读技巧的训练，贯彻以学生为本位的教学，在提高学生内部动机的基础上引导学生积极阅读，提高阅读教学的效率。

三、微观分析语篇构成要素的阅读教学问题。如方伟的《图式理论与语篇分析的契合—大学英语专业阅读教学模式探讨》认为，在阅读教学中，教师可以通过语篇模式分析、主位结构分析、主题词分析、句法分析、语境分析等语篇分析手段来帮助学生建立、激活相关图式，以此加快阅读理解的进程，从而提高阅读质量①。

四、探讨英语语篇阅读教学法和教学模式。如林华《语篇词汇衔接教学对非英语专业学生阅读能力的影响》以霍依（Hoey）的词汇衔接模式为框架，尝试将语篇词汇衔接模式引入大学英语阅读教学。

五、阐述英语语篇阅读教学的重要性。如刘蔚铭、刘淑颖的《大学英语统考学生阅读心理障碍分析》分析出学生语篇阅读能力差是其阅读障碍之一，建议加强语篇阅读方法及技巧的训练。

---

① 崔俊媛．语篇分析与英语阅读教学研究［M］．北京/西安：世界图书出版公司，2017：53.

第二节　语篇分析在英语阅读教学中的应用

一、语篇分析中的衔接

（一）衔接理论

衔接理论是国外最先兴起的，其萌芽最早可以追溯到1960年罗曼·雅格布森（Roman Jakobson）对文学语篇中由句法结构和重复而形成的排比现象的分析。“衔接”的概念是由英国语言学家韩礼德在1962年首次提出的，衔接理论的创立是以1976年出版的韩礼德和哈桑（Hasan）合著的《英语中的衔接》为标志。自此，国内外的语言学界都对此进行了广泛的关注，学者们从不同的角度提出了自己的看法。从而进一步扩大了衔接涵盖的范围，把衔接分为结构衔接和非结构衔接，并对每一种衔接方式进行了细化。

国内对衔接理论的研究是从对韩礼德和哈桑的衔接理论的引介开始的，并结合英语、汉语等衔接手段的对比研究逐渐发展起来的。《语篇分析概要》是最早系统地介绍这方面理论的专著。《系统功能语法概论》也列专节对衔接理论的有关问题进行了阐释。20世纪90年代以来，国内越来越多的学者投入到语篇衔接研究领域，开始注重结合汉语的实际进行研究并有所突破，从不同程度上对衔接理论进行了补充和完善。胡壮麟提出了语篇的衔接与连贯的多层次模式，增加了衔接的手段，扩大了衔接研究的范围，将衔接分为五个层次：社会符号层、语义层、结构层、词汇层、音系层。朱永生对韩礼德和哈桑的“同现”提出了补充。张德禄对语篇的衔接力、衔接的制约原则以及衔接机制都提出了自己的看法。随着衔接理论探讨的深入和分析范围的扩大，越来越多的学者从衔接与连贯的联系入手，探讨语篇衔接的制约因素、衔接手段、跨学科研究等，较有代表性的著作有：关于衔接手段对比研究的，如《英汉语篇衔接手段对比研究》；跨学科应用研究的，如《教学语篇语言学》；实例操作分析的，如《语篇分析的理论与实践》。

总之，衔接理论为语篇分析提供了有效的方法，正处于不断发展当中。

（二）语篇衔接手段

韩礼德和哈桑将英语的衔接方式分为指称、替代、省略、连接和词汇衔接，其中每一类还可进一步细分：

1. 指称

指称关系指用代词等语法关系表示语义关系。

在照应性系统内，韩礼德和哈桑还区分了外指和内指。如果照应词的所指存在于语篇外的现实的或想象的世界，则为外指；如果存在于语篇内部，则为内指。内指根据所指对象在上下文的位置关系又可分为前指和后指。

根据指称成分的不同它又可分为三类：人称指称、指系指称和比较指称。

2. 替代

替代指语篇中句子或小句中一些基本结构成分被其他词语替代。其可以细分为名词型、动词型和小句型。

3. 省略

省略指语篇中句子或小句中一些基本结构成分的缺省，它与替代十分相似，不同的是它没有替代词语，故又称零替代。和替代一样，它也被分为名词型、动词型和小句型。省略是语言使用过程中的常见现象，因为语言总是运用于特定的交际场合中，而不是孤立地起作用，所以一个句子中被省略的成分通常都可以从语境中找到。

4. 连接

上述三种语法衔接手段容易掌握，而连接则较为复杂。它表示着一种只能通过参照语篇其他部分才能完全理解语篇的关系，即相邻句子之间的连接关系。连接性词语既包括句子语法概念中的连词，也包括具有连接意义的副词或介词短语。根据它们所表示的不同语义关系，可以将其分为四种类型：增补型、转折型、因果型和时间型。

5. 词汇衔接

词汇衔接指通过词汇选择在语篇中建立一个贯穿全文的链条，从而建立语篇的连续性。它是衔接中最突出、最重要的形式，韩礼德把它分为两大类：重述和搭配。重述又可细分为重复、同义词近义词、上下义关系等。而搭配主要包含互补关系和整体与部分关系等。

二、语篇分析中的连贯

韩礼德和哈桑在其早期的著作《英语的衔接》及韩礼德在其后来的《功能语法导论》中都未使用“连贯”这一术语或概念，但在这些著作中人们仍然可以发现他们所做的与连贯概念相类似、相对应的论述：语篇具有语篇织体，这是区分语篇与非语篇的要素；具有衔接力，实际上是潜在的语义关系。连贯是语篇特征的一个重要内容，它指的是话语内部各个句子或短语之间在语义上的联系。这种联系来自逻辑推理和判断。连贯是语篇的无形网络，存在于语篇的深层。

在韩礼德和哈桑的《英语的衔接》出版以前，没有人把连贯作为一个理论概念来探讨。然而，《英语的衔接》一书刚刚出版，连贯就成为一个热门话题，出现了几种有关语篇连贯概念的有影响的理论。威多森（Widdowson）认为“衔接指的是语篇构筑过程中借助各种结构上的运作把不同的命题联系在一起的方式，而连贯指的则是这些命题的言外功能以及这些命题如何被用来创造不同类型的话语，如报告性话语、描写性话语和解释性话语，等等。如果读者认为话语中按某种顺序出现的命题与他自己能接受的言外功能做到彼此相连，那么他就认为这段话语是连贯的”①。哈桑认为衔接是对一种“网”的细节所进行的词汇—语法描述，连贯是这个网强加给感觉规则的结果②。中国国内许多学者倾向于哈桑的观点，认为衔接更多的是词汇与语法方面的手段，而连贯则是采用这些手段所得到的结果。总体来讲，连贯是词语和句子在概念与逻辑上合理而恰当地构成一个整体的语篇特征。连贯的语篇时空顺序明晰，逻辑推理层次分明。

根据语言学家采取的语言观和研究角度，对连贯性质的看法大体可以分为两大类：一是把它看作社会现象，二是把它视为心理现象。把连贯看作语言现象就是把连贯看作是种看得见、摸得着、以具体的语言形式为判断依据的客观现象；把连贯看作是心理现象，就是把它看作是一种靠受话者或交际双方在交际过程中不断协调从而达到彼此理解的主观行为。

因此，从连贯与情景、意义和形式的关系上讲，连贯是意义领域的概念，它是情景语境与语言形式相互作用的结果。更具体地讲，它由情景语境决定，由形式（词汇、语法、语音）来体现。从情景语境的角度讲，如果语篇在情景语境中行使适当的功能，它就是连贯的。它意味着语篇与情景语境的关系已经建立起来。从语篇本身来讲，它表示语篇的语义连接完好，语篇的各个部分在整个语篇中起作用，形成一个语义整体。连贯是一个广义的意义概念，是语篇在各个层次上衔接和在语境中发挥适当作用的总体效应。

三、衔接与连贯的关系

虽然“连贯”与“衔接”有相同的词根，但两词有不同的内涵。威多森是

---

① 魏在江．英汉语篇连贯认知对比研究［M］．上海：复旦大学出版社，2007：32.

② 刘辰诞．教学篇章语言学［M］．上海：上海外语教育出版社，1999：29.

首先对衔接与连贯提出不同解释的学者。他指出，能够借着形态上句法和语义标识但不顾及进行中的言外行为而建立起跨句的命题关系是衔接关系，由命题施行并能为受话人领悟的言外行为之间关系是话语的连贯关系①。衔接所实现的是语言的表层形式和陈述之间的关系，而连贯指交际行为之间的统一关系。英语是形合性的语言，强调句子与句子之间的显性衔接，但并不是说任何有表示衔接标志的语言片段或语篇就是连贯的。连贯是一种语言系统，是语篇的一个基本特征，不仅与语篇的主题有关而且与信息的组织有关。很可能一段话是衔接的，但缺乏连贯性。对不同的文体而言，除了结构上的衔接外，还有语义、语用、文体特征等重要因素都影响着语篇的连贯性。韩礼德本人也认为，衔接不能完全保证语篇连贯，衔接只对语篇连贯起重要作用②。对语篇连贯的一个重要贡献来自衔接，它们是每个语言都具有的，把语篇的这一部分与那一部分联系起来的语言资源。

胡壮麟认为语篇在交际功能上的连贯有赖于语篇产生时的语境知识和语篇使用者的语用知识③。由于语篇的连贯实际上是听话人根据语境信息和语用知识来掌握说话人的交际意图，在这个意义上，听话人对语篇的理解越透彻，越能掌握语篇的连贯性。因此可以看出，胡壮麟已经把衔接与连贯理论引入到语用层面了。据此，语境可分为“上下文”“情景语境”和“文化语境”。“上下文”即语篇内部的环境，“情景语境”指语篇产生时的周围情况、事件的性质、参与者的关系、时间、地点、方式等，“文化语境”指说话人所在言语社团的历史文化和风俗人情。此外，为了理解语篇的整体意义，语言使用者还需要积累一定的语用知识，这就是说，说话人能在语句的表层意义暗藏自己的深层意图，听话人则能从其表层意义洞察其深层意图。所以，“衔接”和“连贯”是两个既相互联系又彼此不同的概念。通常认为：衔接是话语或语篇内不同句子间或句子内不同成分间的表层语法、词汇接应关系，连贯是话语语句意义或语篇句子意义的深层功能连接关系。衔接是词汇和语法方面的手段，连贯是采用这些手段得到的效果。前者对于后者犹如“形式”之于“内容”④。

四、语篇分析在高校英语阅读教学中的应用实例

阅读理解是一个复杂的语言与思维的相互作用的过程，理解层次涉及语言

---

① 丁维莉，陈维昌，车竞．篇章理论与英语阅读教学［M］．西安：世界图书西安出版公司，2009：18.

② 韩健．功能语言学视阈下的法律文本对比分析［M］．上海：上海交通大学出版社，2013：72.

③ 胡壮麟，方琰．功能语言学在中国的进展［M］．北京：清华大学出版社，1997：157.

④ 崔俊媛．语篇分析与英语阅读教学研究［M］．北京/西安：世界图书出版公司，2017：65.

知识、非语言知识和阅读技能等多方面的知识和能力。语言分析能帮助学生从宏观和微观两方面更全面而深刻地理解文章，有效地提高阅读理解能力。

一般而言，作者在写文章时都有一个中心思想，各个段落便围绕这一主题进行阐述和发展，而作者在段落里所列举的一些细节与事实也都是用来为中心思想服务，说明主题信息的。即便如此，作者的写作手法却是各不相同，文章的体裁和题材也是千变万化，因此，语篇分析就需要在不同层次上层开，诸如篇章结构、主题思想、写作特点等。在教学中对不同文章确定不同的重点，然后采取相应的方法。在这个意义上的语篇分析，与我国传统的语文教学法注重文章的谋篇布局，比如如何前呼后应体现文章主题，如何承上启下达到语义连贯等，都有相似之处。在实际阅读教学中，教师应从阅读材料的总体结构人手，在文章的谋篇布局上下功夫，引导学生理解主题思想，分析层次脉络，发挥深层内涵，总结写作风格，从而最大限度地获取作者想要传达的信息。

从内容上讲，《大学英语》精读教材课文语言地道，内容丰富。所选文章在体裁、题材和文体等方面都为我们进行语篇分析提供了可能。下面就举例说明在教学实践过程中，是如何在阅读教学中运用语篇分析的。

1. 引导学生根据时间顺序分析语篇

这也是一种常见的写作手法，往往用在叙事体文章中。例如：在“Saili Round the World”一文中，作者首先给出的是 1931 年 He（Francis Chichester）had tried to fly round the world but failed. 再接着到了 1966 年，when he was sixty-five years old，he began the greatest voyage of his life，然后 1966 年 12 月到达 Australia，最后在 1967 年的 5 月 28 日胜利返回英国。这些细节和事实都是按照时间顺序给出的，阅读时抓住这几个时间线索，贯穿全文，整个故事就一清二楚了。

2. 引导学生按因果关系分析语篇

如在“Is There Life on Earth?”一文里，作者一开始就提出了文章的论点—There is no life on earth，接着根据因果关系将情节展开，说明地球上为什么没有生命。以下的几个事实便是原因所在：（A）For one thing（这是线索词，说明后面所说只是原因之一，其本身也是一种衔接手段），Earth's surface in the area of Manhattan is composed of solid concrete and nothing can grows there. （B）For another，the atmosphere is filled with carbon monoxide and other deadly gases and nobody could possibly breathe this air and survive.

3. 引导学生在词汇意义上分析语篇

恰当重复某一（组）词汇，尤其是关键词，是达到连贯和强调目的十分有用的手段。例如在“Why I Teach”一文中，作者主要运用了词汇衔接—重复的手段连为一体，构成了语篇。“I teach because…”这一排比结构在全文中重复出现了六次，它们形式相同，语气贯通，意义渐进，层层深入，不仅达到了连贯和强调之目的，而且鲜明地烘托出了主题，表达了作者对自己所选择的职业的挚爱之情，进而构成了一篇极富感染力的文章。

4. 引导学生从比较和对比角度分析语篇

采用比较和对比这一手法时，常常有许多事实和情节被列出来，阅读时应注意从正反两个方面来理解文章内容，这样才不会被大量的事实弄得理不出头绪来。如在“Profits of Praise”一课里，作者就是从对比的角度出发，通过列举大量实例来阐述 Praise has profits 这一论点的。

综上所述，语篇分析是语言教学历史的产物，它的研究和运用在某种程度上已改变着外语教学的模式，促进人们进一步仔细地认识语言交际的内在含义和策略等。事实表明，语篇教学充分发挥了学生的主体作用，激发了他们的积极性和主动性，使学生摆脱了对教师和教材的依赖，改变了以往课堂上只听不问、只记不说的习惯，使他们从词汇、句子中走出来，从宏观角度分析文章的内容、结构，培养了学生对语篇的分析、综合和逻辑思考能力，以及运用语言表达思想的能力。因此，可以肯定地说，结合语篇分析进行高校英语阅读教学是提高高校英语教学质量的一个可靠保证和主要手段。

第三节　新时期高校语篇分析教学中学生英语阅读能力提升的对策

一、改善阅读习惯

（一）摒弃不良阅读习惯

有资料表明，15 世纪全世界的各种图书共 3 万种，而到了 20 世纪达到 2750 万种。当今世界各国的书籍和期刊正以“爆炸”方式增长。就算是一位科学家把一生的时间全部用来阅读本专业的书刊，也只能读完 5%。可见如何提高阅读速度是个非常迫切的问题。下面这些传统的阅读方法存在的不良习惯已难以适应当前的需要，必须摒弃。

1. 出声阅读

出声阅读的主要弊病就是使阅读效率受到说话速度的限制，这是因为正常阅读速度几乎要比出声朗读的速度快两倍以上。嘴唇的动作无疑会影响眼睛的扫视速度，一个有效率的读者能够做到只要看到印刷符号，就直接获得意思，而不经过声音阶段。因此，要克服这种不良阅读习惯就要训练自己养成通过视觉器官直接感知文字符号的视读能力。

2. 手指阅读

这指的是用手指、铅笔或尺子等物件指着一个个词进行阅读的习惯。这种指读的单纯机械运动不仅会减慢阅读速度，而且还会把注意力引向错误的方向。一个高效率的读者不会注意单词的位置，也不会在每个单词上花费时间，而是把注意力集中在作者要阐明的思想内容上。

3. 摇头阅读

阅读时头部下意识地摆动是一种阅读的不良习惯。在阅读过程中发出的头部摆动，读者往往意识不到，这种不必要的动作会对阅读速度产生影响。因此，必须克服这种毛病，养成阅读时只移动视线的习惯。

4. 心译

心译就是学生在阅读英语文章时，人体的任何部位，不论嘴、头或声带都没有动，但阅读者的内心里始终自言自语，清晰地发出并听着每个语音，先将英文译成母语，然后再通过母语去理解所读内容。这种不良的阅读习惯既浪费了时间，又影响了按英文的思维模式去全面审视文章的有效阅读，这也是引起英语阅读效率低下的一个重要原因。

5. 回视

指的是读完一个句子或段落后由于感到没有完全理解而回过头去重复阅读。这也是制约阅读速度的一个重要因素。要有意识地改变这种习惯可以阅读大量的难度适宜的读物，这样就不会因遇到生词、不懂的短语、复杂的句子结构而回头再读。

6. 视幅小，脑反应慢

视幅指一次定睛接受的视觉信息范围，也可称为视觉辨认幅。视幅小常表现为逐词阅读，脑反应慢常表现为视脑分离，即大脑对信息的辨认和理解需较长的时间。视幅小而又脑反应慢的读者常会出现如下情况：一是读者只记住了阅读材料的一些细节，而不能从整体、宏观上把握材料；二是读者读完材料后感觉十分疲劳。造成视幅小、脑反应慢的原因主要有两个：一是读者还不具备相应的阅读水平，可能对材料的某些词法、句法和表达方式等不熟悉，不能迅速理清句子结构；二是读者长期养成了这种不良的习惯，造成了脑对视觉文字信息反应的一种定势。

7. 依赖词典阅读

有些学生在阅读过程中习惯于逐词理解，而不是逐句、整段、整篇地理解。

当句子中出现生词或对其用法掌握不透彻的词时，他们往往毫无办法，只能依靠词典进行逐词翻译以求理解，结果跟不上作者的思路，抓不住文章的中心，更不能根据文章的体裁、脉络与结构分析语篇大意，这也是速度慢、理解不准确的原因之一。事实上，有时即便是查了词典，如不根据上下文的语境、语义判断其词义，仍会产生理解上的偏差。

总之，虽然人的认知方式大致相同，但每个人的阅读习惯各不相同。以上所述都不是正确的阅读习惯，不符合有效快速阅读的科学规律。人们阅读时总是从左到右，从上一行到下一行，从词到词组到句子到段落，这一过程给人的感觉是人的眼睛总是在不停地移动。其实不然，科学家发现，阅读时人的眼睛不是持续地移动，而是跳跃式移动，94%的时间眼睛是静止的，6%的时间在跳跃。两次跳跃之间的时间称为一次“注目”，约1/4秒。每次注目看到的单词数因人而异。儿童大约是半个单词，一般的读者是1~2个单词，较好的读者每次注目可看2~3个单词。在实际阅读中，人的眼睛以词群为单位跳跃，即相关的词往往在次注目中看到。既然阅读时人的眼睛是跳跃式移动，那么用铅笔或手指指着书上的每一行左右移动、一边阅读一边念出声、一边读一边逐字翻译都是没有用的。因为这些动作的速度与眼睛跳跃的速度不一致，再加上它们要分散一些注意力，因而不仅影响阅读速度，也影响阅读理解的程度。值得注意的是，眼睛的跳跃式移动是一种自然现象，阅读时不要有意地把注意力集中在眼睛的移动上。既不能把眼睛停留在某处时间太长，也不能有意地加快跳跃速度。

（二）培养正确阅读习惯

培养正确的阅读习惯对于提高阅读能力至关重要，应该从以下几个方面去练习实践：

1. 要有提高阅读速度的意识

每次阅读都要有清晰、明确的阅读目的，带着任务去阅读，以尽可能快的甚至使自己感到紧张的速度去读，而不是以自己感到很舒服自在的休闲速度去读。

2. 养成默读的习惯

默读是不出声的阅读，主要是眼睛和大脑协同动作，对文章中有用的信息进行搜索—文章中心思想、作者寓意等，然后通过事实进行推理，通过上下文猜测词义。学生在泛读时应采用默读的方法，这样有利于提高阅读能力，要求学生在泛读时兼顾速度和理解的准确度。

3. 养成用英语思维来处理信息的习惯

用目标语理解信息而非心译为母语。通过对材料按句子、语段的理解，找出所需信息，并且直接用英语进行处理。如果翻译成母语，既浪费时间又由于翻译水平有限而使文章更难理解。

4. 养成限时阅读的习惯

阅读要有时间的限制，限时阅读可以帮助学生改正在阅读过程中不自觉地朗读或翻译的坏习惯。对不同的阅读任务，使用不同的阅读速度和策略。注意力集中在重要信息上，对其余部分迅速浏览，跳过次要部分。通过计时阅读训练激发学生的紧迫感和效率意识。用略读训练要求学生找出关键词句，以求抓住文章的梗概，概括文章大意。教师训练学生略读时可采取三个步骤：首先通读文章的起始段和结尾段，然后寻找并细读其他段落的主题句，最后浏览一些与主题句相关的信息词。通过寻读的训练要求学生从较长的文字资料中寻找特定的细节内容，就是用眼扫视，以最快的速度从一篇文章中找出你所期望得到的某些细节。

5 避免回视

有研究表明，读速中每分钟 250 个词左右的普通学生在阅读每页时大约回视 20 次。这种回读单词或词组的习惯使其阅读速度大大降低。通常在阅读过程中没有必要回读，因为你想了解的观点在随后的下文中会进行进一步解释和详细阐述。有些读者阅读速度慢就是由于回读频繁。而且，读速缓慢导致思想游离开小差，进而影响对阅读理解的信心。因此，不要允许自己回读，而是即使遇到生词也继续往前读，可同时根据上下文猜测生词词义。如果有些术语词组等使理解变得不清晰，学生也要忽略或等读完全文之后再去回读。

6. 扩大视幅

每次眼睛移动以词组、句型或意群为单位阅读而不是逐字去读。

7. 注重阅读量的积累

学生要扩大阅读量。学生只有通过大量阅读才能培养出快速阅读和准确理解的能力。没有足够的输入，也不可能有高效的输出。

二、完善阅读技能

（一）读前读中预测

促进阅读理解的重要技能之一是进行预测，包括读前预测和读中预测。在阅读全文之前，快速扫描整篇文章。扫描时，仔细读标题、段落小标题、文章第一段、每一段的第一句话，甚至有时只是阅读第一句的部分内容以获取足够多地供你思考的信息。通过阅读标题，学生可以预测文章主题，甚至有可能给出中心思想。阅读段落标题弄清总述和分述的逻辑安排。文章第一段通常告诉学生文章是有关什么主题的，在继续读下去之前先自己进行思考预测。尽管不可能理解每个细节或第一句，但是通过阅读概括和总结性的句子，可以抓住一个总的方向。这种技能在学生返回去仔细阅读时可以帮助其更好地理解短文，或者为学生寻找具体问题的答案提供了很好的思路。在阅读的过程中不断证实预测的正确与错误，并根据已知的信息进行进一步预测或预期作者的下一个意图，始终保持积极的阅读。尽管不可能预测出每个细节，有时候预测也不一定正确，作者很可能会用出乎意料的构思令学生惊讶，但是学生经常能够预期作者写作的一个总的方向，把所读短文可能的主题缩小并锁定在一个合理的范围内。边读边预测使学生始终保持头脑警觉，潜心于所读文章。这是对学生所读文章理解效果的双重检查，对于理解下面的内容有极大的帮助。

（二）上下文猜词义

英语词汇浩如烟海，随着社会发展、科技进步，大量新词不断涌现。系统地、有目的地习得词汇固然重要，但阅读中，学生难免会遇到陌生词汇，造成对文章理解的偏差。平时阅读时如果见生词就查词典会占用很多时间，考试时遇见生词又不允许查字典。因此，学生要学会在阅读中猜测生词词义。掌握这一技能是提高阅读理解能力的重要手段。猜测词义的技巧总的来说不外乎两种：上下文语境法和构词法。

阅读中学生经常需要根据上下文提示猜出不熟悉单词的意思。其实，为了使文章意思清晰，好的作者通常给出一些线索，因而学生学会从文章中发现线索来理解词义对阅读大有裨益。以下是一些常出现的上下文的提示方式：

1. 下定义

有时候一个作者明白某个单词对许多学生来说不熟悉或者很陌生。为了使理解容易，作者可能会在一个句子中包含此单词的定义。这种上下文线索最容易识别出来，有时作者通过使用标点符号把该单词和它的释义隔开。

2. 重述

就像给出两个定义一样特意给出意思。

3. 利用同义词对比

遇到生词时，应多注意这个词或表达方式在下文中是如何重复的。一般来说，如果一个词使用频率越高就越容易理解，看看上下文中有没有该生词的另一种说法，即找同义词，或者把出现该词的两处语境或两个句子相比较，也许能更加准确地猜出词义。当学生进行对比时可以看出两个词的相似。

4. 利用反义词对照

对照的运用可以给不熟悉词的词义提示。常常在一些句子中同时出现一个生词的反义词，由此可以猜出该生词的意思。

5. 举例

有些句子用举例来解释生词，例子可以给你提供不熟悉词汇的词义线索或提示。

6. 释义

文中有些句子是用学生熟悉的词来解释生词。同理，对于不熟悉的习语表达的意思也可以通过以上方法进行猜测，尽管有时候习语表达的意思几乎不可能猜测出来，因为习语的意思不等于每个单词意思的总和，有时仅从字面猜测还会彻底迷惑学生。

（三）关键词定向义

1. 抓住句子主干

学生阅读文章是为了获取信息，而找出句子的主要意思非常重要。为此，他们必须抓住句子的主干：

（1）这个句子是关于谁的或有关什么事的；

（2）谁在做什么或在他身上发生了什么事；

（3）学会从主要意思中分离出不重要的细节。

因为在一个句子中许多描述主语的单词仅仅是给主语增加一些细节。只有把注意力集中在句子的主要意思上，才能略过支持观点的细节而不会错过主要意思。细节很重要，但它们只是支持句子的主要意思而非句子的主要意思。因此，不管一个句子多长，句子结构多么复杂，有多个从句的嵌套，有插入成分，有倒装语序，有虚拟语气等，只要抓住句子的主干成分，便可以获取最关键的信息。

2. 寻找句中关键词

有时候对于一篇文章的理解就取决于这样的一些句子的理解：可能这些句子会有不止一种理解，可能产生歧义，造成理解困难。但学生可以通过下列几点得到帮助：

（1）确定一个句子难在哪里，明确问题，对准目标，有的放矢，重点突破；

（2）学会识别重要的可以改变句子意思的语法和标点符号线索，寻找能改变整个句子意思的词汇和词缀。

（四）主题句定段义

要理解段落就要抓住中心思想或最主要的意思。简单地说，如果一个段落没有主要思想就不称其为段落，就好比果核是一个苹果的最重要部分，是水果得以生长的中心；又好比蜡烛的烛芯，如果没有烛芯就只是一堆蜡而非蜡烛而已。对一个段落来说亦是如此。段落中有一个句子表达中心意思，其余的句子要么解释、要么发展、要么支持这个句子。如果去掉这个句子，这个段落就失去了目的和方向，就不再是个段落。因此，中心思想就是最重要的意思，是它给予整个段落一个目的和方向。

每个写得好的段落都是有目的和方向的。其目的可能是提供信息、叙述事件、进行劝说、下定义、做解释、给予指导、比较对照等，其方向通常是目的专一的，聚焦在中心思想上。

段落大意通常由一个主题句来陈述。一个主题句表达一个概念，其全部的意义通过支持性的细节发展和清楚表达。通常来说，主题句出现在一段的第一句。其后跟随着其他的句子，包含支持性细节，来解释、发展或支持主题句所表达的这些意思。但有时候主题句也会出现在一段的末句，或者中间。甚至有时候并没有主题句，主要意思根本没有明确陈述出来，只是通过暗示表达。在这种段落结构中，细节或者支撑句被看作一个整体，构成段落大意，这就需要阅读者去概括总结。

（五）区分事实观点

准确区分文章中哪些是客观事实、哪些是作者的观点是阅读理解中很重要的一种技能。所谓事实就是作者讲述的客观上发生了的事情或者真实情况是什么。事实通常以直接证据为基础，而作者的观点是对信仰、判断或感觉的描写。当然，观点常以事实为基础，但它们经常涉及作者对事实的个人解释。作者的这种解释和读者的解释也许相同，也许不同，有时很难将两者区分开来。作者有可能把事实和观点综合在一起，使得读者难以区分，或者有时候涉及作者对事实的个人解释。但是，如果读者和作者的观点一致，此时要区分出事实和作者的观点是最难的。检验是否作者的观点看法可以通过试问是否有不同的看法存在；也可以通过在句中寻找表达看法的词汇。

（六）识别特殊信息

阅读理解常有许多题目要求就某一事实或细节做出正确识别或判断，这类题目内容涉及广，通常涉及时间、地点、人物、原因、经过、结果、比较、事实等方面。一般来讲，要求识别特殊信息的题目答案在文章中可直接获得，一般不需要判断或推测，这时，正确答案与文章特殊信息几乎一致。在把握文章主旨的基础上注意力应集中在特殊信息的识别上，可采取寻读方法，快速查找出特殊信息，以节约时间，有的放矢，提高效率。识别特殊信息首先要把握文章脉络，其次要寻找与题目要求相关的特殊信息，最后要检查已识别出的特殊信息是否正确并决定选项。还有另一种情况，就是对特殊信息进行判断。这类题的正确答案一般不能在原文中直接找到，而是要依靠原文的相关特殊信息做出正确判断。一般来讲，这类题所要求的逻辑推理比较简单，更多的是凭直觉和对文章的整体印象。

（七）分清主次细节

识别主题句或总结段落大意很重要。但是，大意不能告诉学生所有需要的信息。段落中的事实和细节有助于学生找到其大意，这些事实和细节勾绘出更完整的画面，或提供例子帮助理解文章的意思，或证明一个观点，或展示该内容与其他内容的关系。段落中的所有内容都很重要尤其是提供主要信息的细节内容。其他小的或次重要的细节则能充实段落的内容，使阅读材料更有趣味性以吸引我们的注意力。当然，如果学生阅读的目的很明确且很快就理解了所读的内容，那么也可以忽略小的次要的细节内容。因此，当学生要找某一段落的主要细节内容时，首先要找到段落的大意。当找到了所有用于对文章中心思想产生影响效果的事实和细节内容后，就能判断出主要细节内容和次要了。

（八）推断言外之意

阅读除了需要理解文章的字面语义外，更需要通过字里行间领悟言外之意及作者的语气、态度，推测暗含的意思。这就要求学生具有一定的推理能力。推理是一种高层次的思维活动，对学生的智力能力有较高的要求。同时，推论对象是要求较高、较难把握的阅读题目，其难点在于文章中没有可依赖的文字说明，有时仅有少量的明示或暗示信息。推论时，必须从已知事实出发，通过合理推测判断，论述未知事物存在、发生、发展、变化的可能性。推理要求以事实为依据，严格尊重事实，以保证做出的推论有理有据，合乎逻辑。推理的前提和依据就是阅读到的有关文字可能是短语或句子，也可能是 ·个段落甚至整篇短文由表及里，由此及彼，进行分析、归纳和演绎，一步一步地推导，最后把握弦外之音，得出正确推论。

通常作者不直接把他们的想法表达出来，原因是多方面的：可能这就是作者的写作风格，或者作者认为学生知道并且赞同他们的想法，或者作者在自己的表达能力上没有多大把握。运用这种技巧就意味着学生要去发现他们想要表达的意思。要“听”到作者的弦外之音，要求学生十分仔细地阅读全文，这有点像侦探工作，需要利用蛛丝马迹顺藤摸瓜，最终发现真相。但是只要学生能利用文章里的线索、常识，把各个想法联系起来，及时总结，通过猜测作者想要表达出一个什么样的观点，那么学生通常会很容易把“空缺”填好，发现作者真正想要表达的意思。这种阅读技巧在进行有效阅读的过程中会起很大的作用。随着阅读的进一步深入，要注意检查自己的理解是否正确并及时修正。

读出言外之意的另外一个方面是指单词的言外之意。单词有本义和言外之意。本义是一个单词的字面意思即词典所定义的词义；而言外之意，指的是一个单词暗含的意思，或者使学生感觉到、考虑到的意思。譬如，die 一词，本义为“死去，不再活着”。但是在句子“Some die at 30 but are not buried until they're 70.”中，die 的言外之意是“精神死了”或者“智力方面停止发展”。比喻性语言与此有相似之处。阅读时要注意词语所出现的上下文语境。一般来说，学生越理解词汇的言外之意，就越能理解作者如何向学生传达自己的意图，希望学生产生何种思想和感受。

合理推论的步骤包括：

（1）透彻理解文章，根据明示或暗示信息展开联想，追踪作者的思路；

（2）分析、归纳，提出理由、事实和根据；

（3）客观分析作者的立场、观点，与自己的观点做比较，避免用自己的观点取代作者的原意；

（4）文章思路和言外之意相结合，揣摩作者的写作意图，做出合理推论；

（5）由同一个已知事实可推出不止一个正确的结论。

（九）领会作者意图

阅读是学生与作品乃至作者之间的交流，因此正确领会作者的写作意图和目的无疑是重要的。人们为某种目的而写作。通常有以下三种写作目的：提供信息，即就一个主题给学生提供信息；进行劝说，即让学生相信某种观点或采取某个行动方针；供人娱乐，即以某种方式供读者消遣娱乐。有效阅读意味着识别作者的写作意图，这一点并不容易，尤其在阅读英语语篇时。作者有时会隐瞒其意图：一篇看似基于事实的信息可能真的充满了意在劝说学生接受其观点的情绪感染力，或者一篇表面上严肃的劝说类文章其实是一篇意在逗学生高兴的幽默之作。作者是否严肃主要取决于每个学生的批评分析。但是，还是有些线索可引起学生注意以帮助他们识别所读的作品到底是哪一种：

（1）提供信息类文章以事实和证据为特色，而不用观点和价值观判断。这类文章经常包括日期、统计数据、其他数字或引用材料。根据主题不同，文章语言可能包括行话，但是词汇和句子结构通常比较简单。

（2）进行劝说类文章以情绪感染力为特点：表达主张见解和论据的语言有时看起来好像是事实，容易使人错判，应该特别注意；反问句的运用，一种不需回答的疑问句，常有说服效果；评价性语言如 good/bad、right/wrong 等；还有一些判断性语言如 must、should、had better 等。

（3）主要供人消遣的文章可以各种各样，但这类文章常用简单的句子结构、对话、双关语、比喻性的语言。

（十）确定中心思想

阅读理解首先要确定中心思想。中心思想是文章的纲，只有有了这个纲，才能把握文章的基调，并做出正确的判断、推论及结论等。中心思想一般借助主题句或一系列的事实和细节来表达，确定中心思想要做到以下两点：找出主题句或综合概括大意。主题句一般置于句首，有时也置于段末或段落中间。阅读时首先要运用速读或略读方法快速浏览完全文或某些关键段落了解文章大意，然后运用跳读的方法查找出起概括作用的主题句。最后，运用细读的方法理解主题，把握文章精神实质。主题句对文章或段落起指导和限定作用，辨别主题句能帮助快速理解中心思想。如果有些文章或段落没有明确的主题句，而是用一系列事实和细节来表达中心思想，这时要根据文章内容或段落提供的信息和上下文关系仔细揣摩作者的意图，即透过现象看本质，领会主旨，概括能力这时起着重要作用。

7

三、运用有效阅读方法

（一）速读——略读和跳读

1. 略读

略读也叫浏览，其目的是通过扫描迅速获取主旨大意及少量细节而非全部细节，或者为探明是否需要进一步阅读，如翻阅报纸、浏览新书目录等。快速略读必须省略掉部分内容，有选择地读。首先，通过读取文章标题、副标题进行主题内容预测，再浏览文章的结构，大致的内容框架就有了轮廓。然后，快速浏览关键位置的段落及句子，对中心思想的把握进一步清晰。一般来说，第一段或前两段的全部内容需以较快的普通速度去读以了解作者的风格、语气态度等，因为作者经常在前几段给出一个总体说明。对于第三、四段应一目数行，省略无关的词语、句子，不追求文章细节，只读关键句获取段落大意。同时阅读过程中要注意反映文章逻辑发展的表层衔接手段，比如作者的观点总会出现在表达转折关系的联结语。最后几段也应特别注意，因为作者往往在这几段做出总结。一般来说，略读速度应达到普通速度的两倍。但理解程度不像普通阅读要求的最好为 70%~80%，略读达到 60%即可。

2. 跳读

跳读也叫查读，是另外一种常用的快速阅读方法。它是指从大量资料中迅速查找出某一具体事实或特定信息，如时间、地点、人物、事件、起因、结果、数字等。寻读是有取有舍，跳跃前进，省略次要信息只撷取文章中相关信息来加快大脑对文字的反应速度的方法。这是一种带着明确目的寻找特定信息而忽略无关内容的点式阅读。运用这种方法，学生可以大大提高阅读效率，在最短的时间内扫视尽可能多的材料，检索到所需要的信息。例如从字典的众多条目中查找所需的某个生词，在一则球赛消息中查找是谁射门得分等，在车站查找某次列车的运行时刻，在机场寻找某次航班的起飞或到达时刻，在图书馆查找书刊的目录，在文献中查找某一日期、作者或编号等都是使用查读的方法。寻读的意义在于对读物的大幅度跳跃，只去捕捉本质信息而舍弃其余的东西，形成新的思维流程。

作为一种快速寻找信息的阅读技巧，查读既要求速度，又要求准确性。查读经常应用于阅读应用文。应用文是功能性、实用性较强的文章，为特定目的写作，表达特定的内容。在阅读应用文时，要尽量理解应用文的功能内容和写作目的。

对于大学生来说，阅读内容多为说明性的文章。寻读时，首先要注意文章的标题、重点词语、图表等，以其为主要阅读对象，确定查阅的信息范围或对象，如人名、地点、日期、数目、事件、观点及定义等。然后，找出特定信息在文章中的位置，注意力集中在与解答问题有关的信息上。另外，为了迅速找到文章中的特定信息，中心词跳读法也是种很实用的方法。

（二）细读——欣赏和批判

1. 欣赏阅读

欣赏阅读是细读的一种。一般指在进行文学作品的阅读时，除了要了解作品的基本内容、人物特点、故事情节等客观方面的信息以外，还要进行文章结构的分析、作者写作的特色分析、文章所揭示的深层含义的判断等。这些较高层次的思维活动被大量地结合到英语阅读的过程中，从而使学生感到阅读的快乐。

欣赏阅读在英语阅读过程中是一个很重要的环节，而大多数英语学习者却恰恰忽略了这一点。在英语教学中，无论老师还是学生都有这样一个误区，认为只要把材料的内容掌握了，就达到了英语阅读的目的。这样的阅读往往会流于表面，甚至连作者的写作意图可能都体会不到。因此英语教学应该加强对欣赏式阅读的了解和实践。

2. 批判阅读

批判阅读的目的不是为了读入文字，也不是为了记忆所读的内容，而是在阅读的过程中提出问题，寻找各种假设，进行分析综合，从而明确作者要传达的要点。因此，进行批判阅读的主要步骤有：预习文本获取关于相关话题的背景知识，确定阅读的目的，决定文本的组织结构，提出问题，审视理解，同义转译并归纳作者的观点，考察作者的背景及其阅读材料中观点的关系，确定作者的目的和态度，把读到的观点与其他观点联系起来，撰写关于所读内容的文章使思路清晰，评估读者关于该话题的背景知识，与别的读者合作讨论阅读材料中的观点等。进行批判阅读相对来说需要一定的时间和思维判断，因为在评判所读内容的过程中不仅需要读者有一定的总结归纳、概括分析、引申推断等综合能力，还要有相关的背景知识，并且可以探讨作者的观点及问题等。

第六章　新时期高校英语阅读的任务型教学模式研究

任务型教学是一种以完成学习任务为目标的教学模式，能够促使学生在不同任务中更接近真实的语境，进而提高语言的综合运用能力。本章即对任务型教学的基本内容加以分析，并就其在新时期高校英语阅读教学中的应用展开探索。

第一节　任务型教学基本内容

一、任务型教学的概念

任务型教学是建立在第二语言习得研究基础上的一个具有重要影响的语言教学模式，是交际方法的最新发展。它以具体的任务为学习动机，以完成任务的过程为学习过程，以展示任务成果的方式来体现教学的成就。教师围绕特定的教学目的和语言项目，设计出各种教学活动，学生通过这些语言活动完成语言学习任务，达到学习语言和掌握语言的目的。任务型语言教学的核心思想是要模拟人们在社会学校生活中运用语言所从事的各类活动，把语言与学习者在今后日常生活中结合起来。任务型教学把人们在社会生活中所做的事情细分为若干非常具体的“任务”，并把培养学生具备完成这些任务的能力作为教学目标。

二、任务型教学的理论基础

（一）语言学基础：系统功能语言学

以语言学家韩礼德（Halliday）为代表学者的系统功能语言学理论是20世纪后半叶国际上最有影响的语言学理论之一。系统功能语言学理论的最大贡献在于将语言作为社会文化语境的有机组成部分予以研究。系统功能语言学研究的重心不再是传统语言学所强调的词汇层面或句子层面的研究，而是以语篇为研究的基本单位，进而从语篇与情景语境或文化语境的互动关系中揭示语言的性质与社会功能。因此，语言不再被看作是一个以规则性为特征的系统，而是以不确定性为基本特征的供使用者任意驾驭或提取的意义潜势；语言是一个社会意义系统。因而，系统功能语言学认为语言学研究的重点也不应该是所谓的语法规则或句法规则，而应该是意义。系统功能语言学关注动态的语言使用，把语篇作为分析对象，其研究重点是功能、语义和语境。

系统功能语言学提供了任务型教学把语言意义放在第一位的理论依据。同时系统功能语言学的语境、语篇理论和对动态语言的关注也为任务型语言教学引进真实的语言材料和借助任务来创设接近自然的语言学习环境提供了理论支持。

（二）教学论基础：活动教学

若从教学论的角度进行分析，任务型教学实践着活动教学的理念。任务，是任务型教学的核心概念。之所以称之任务型教学，是因为从教学内容的选择，到课堂教学的组织、实施、评价都是围绕任务进行的。这里的所谓任务，就是用目的做事。任务型教学的交互性、真实性、过程性、学用结合、学习者的个人体验与主动参与等特征都是通过学习者完成交际任务，即通过开展有目的的交际活动体现出来的。可见，活动是实施任务型教学的主渠道，活动贯穿于任务型教学的始终。

所谓活动教学，主要指以在教学过程中建构具有教育性、创造性、实践性、操作性的学生主体活动为主要形式，以鼓励学生主动参与、主动探索、主动思考、主实践为基本特征，以实现学生多方面能力综合发展为核心，以促进学生整体素质全面提高为目的的一种新型教学观和教学形式。可以看出，活动教学具有两种存在形态，它既是一种教学观，又是一种教学形式。作为一种教学观，它视教学过程为一种特殊的活动过程，强调活动在学生认知、情感和个性行为发展中的重要作用，提出教学认识的关键就在于建构学生的主体性认识活动，在于通过活动促进学生的主动发展。这一教学观具有普遍适用性，可用于指导一切形式的教学活动。

当用活动教学观来衡量审视任务型教学时，完全有理由说任务型教学是活动教学观在语言教学领域的实践形态。首先，任务型教学以“任务”即“用语言做事的活动”为其基本教学组织形式。之所以如此是基于这样的认识：有效的语言学习不是传授性的，而是经历性的，让学习者参与有目的的交际活动，在交际中认识、掌握、学会使用目的语是习得第二语言的最有效途径。因此，课堂教学的任务首先是要为学习者提供认识、体验、实践目的语的机会、环境和条件。任务型教学把贴近学生实际生活的、有待他们借助目的语完成的任务作为教学组织的基本单位的目的就在于此，任务成为蕴含教学目的，创造机会、环境、条件，体现教师作用，引导学习者主动参与，从而认识、体验、学会使用目的语的中介。其次，从学习方式来看，任务型教学积极倡导合作学习、交往学习、探索发现学习、体验学习等学习方式。任务型教学的主要实践原则就是互动性。“互动”不可能单向，必然包含合作协商，通过用目的语交流沟通协商完成任务的过程，促进交际各方在目的语的掌握使用上相互取长补短，促进各方中介语系统的扩展、修订、重构。最后，从发展能力、提高素质的角度看，人作为社会个体，交际能力是最基本的生存能力之一。仅从这点看，语言教学注重培养交际能力的意义不仅在于学习语言，也是为了人的发展需要。任务型教学所强调的互动性在促使学习者学会用目的语交际的同时，又学会了沟通、学会了合作、学会了共同学习。因此，它也是以“活动”促发展的。

三、任务型教学的主要特点

（一）核心内容是任务

在任务型教学过程中，核心内容就是任务。详细来看，任务就是通过教学来设定任务，然后学生通过来完成任务达到提高语言运用能力的作用。在教学过程中，可以看出：教学任务设计的好坏在一定程度上关系着教学质量的好坏，与教学过程中成败有着密不可分的关系。科学合理的任务能够保证教学过程的顺利开展，相反，不合理的任务则会对教学过程的开展起到巨大的阻碍作用。因此可以认为，交际任务的设计是任务型教学法的一个关键。概括来讲，任务就是一系列的工作计划，它从简单的练习类型到诸如问题解决和做出决定的复杂活动，以促进语言学习者的语言能力为目的。

任务的类型可以从以下几个方面来划分：

（1）真实任务和学习型任务。真实任务是指接近或类似现实生活中各种事情的任务，也就是说学生离开课堂后在学习、生活、工作中可能遇到的各种事情，如写信、查电话号码、收听天气预报等等。主张采用真实任务的理由是语言学习的目的是使学生能够用所学的语言完成现实生活中事情，所以课堂语言学习活动应该是这些事情的练习过程。与真实任务相对的是学习型任务，即课堂以外一般不会发生的事情，如学生两人一组找出两幅图画当中的不同之处、学生根据教师的指令完成活动等等。学习型任务是为了实现某种学习目的而专门设计的任务。在完成学习型任务的过程中，学习者也需要接受、处理和传递信息，也要表达意见和观点。

（2）简单任务与复杂任务。简单任务一般只有一两个步骤，其特征为：学习者获得的信息相对比较单一，要做的事情比较简单、具体；需要使用的语言知识和语言技能相对比较单一；能在较短的时间内完成。复杂任务的特征为：一般有多个步骤；需要小组来完成，有时需要分工协作；需要获得多种信息，而且需要对信息进行分析、处理；需要分步骤、分阶段完成若干件事情；可能涉及多种语言知识和技能；一般需要 20~30 分钟的时间，有的任务需要的时间更长。

（二）强调学习的过程性

在任务型教学方式中不是由教师直接给出结果、结论、答案，而是在完成任务的过程中由学习者自己去获取，这也使得任务型教学方式具有过程性的特点。

学习者在准备完成任务的过程中要进行相关材料的搜集和分析，还要与学习同伴进行交流和探讨，在展示完成任务的结果时还要进行排练和预演，在完成所有这些活动的过程中，所有由学习者所做的也都是学习和练习，因为任务型教学方式提倡“做中学”的教学理念，而“做”（也就是完成任务）必然要经历一个过程。

任务型教学的教学过程在培养学习者交际能力时更为重要，教材只是提供了一个静态的培养交际能力的操练的基础、导向，重要的是在课堂教学进程中如何落实。自然在落实教材教学内容的过程中，选择有效的教学方式极为重要，而任务型语言教学方式正为学习者交际能力的培养提供了操作的空间。

基于建构主义利用、开发、借鉴学习者已有经验的教学理论，任务型教学注重的不是理论的探究，而是实践操作的过程、运用的过程。学习者学习目的语主要不是为了研究目的语，也不是为了掌握工具，而是为了交流，在交流的过程中掌握目的语是任务型教学方式中重要的教学理念。

（三）全新的评价方式

1. 能够考查学生的实际语言能力

与传统的教学单纯考查学生对语言知识的记忆能力有很大不同，任务型教学的评价方式可有效考查学生实际的语言运用能力。在任务型教学中，学生通常需要完成一些具体的任务，在完成任务的过程中，他们运用所学知识解决问题的能力便可较为全面地体现出来。因此，任务除了反映出学生掌握语言知识的情况外，还可以体现其实际的语言运用水平。

2. 为学生提供更多选择

任务型教学的评价方式可以让学生在形式、内容、时间等各方面进行自由选择。就任务完成的时间而言，可以是当堂完成，也可以是几天甚至两个月完成；就任务完成的方式而言，学生可以自行决定，如是用幻灯片来做演示，还是要用到录音机、投影仪，或仅仅是口头表达。当然，学生还可以根据自己所选择的任务来决定任务的内容。

3. 考查学生的综合能力

任务型教学的评价方式可以全面考查学生高层次的思维能力、创造能力等多方面的能力。在任务型教学的实施中，学生通过完成各种任务，展现的不仅是他们的记忆能力，还包括高层次的思维能力，如分析能力、综合能力、评价能力。此外，任务的完成还需要他们进行质疑、归纳、评判等。因为完成任务通常会涉及学习策略、合作学习等，所以任务完成的过程（即评价的过程）可以同时反映出学生的学习动机、态度、合作精神、自我计划等情感、学习策略方面的情况。

4. 将学习与评价紧密结合

任务型教学的评价方式可以把学习过程与评价过程紧密结合在一起。在实行任务型教学时，教师可以通过每天上课时学生完成各种各样的任务来评价学生对所学知识的掌握。这种评价可以是即时的，也可以是与课堂教学同步的。

四、任务型教学实施的一般环节

（一）任务的准备

任务的准备主要涉及两个方面的内容。一是作为任务参与主体的学习者所需获取、处理或表达的信息内容。二是作为任务参与主体的学习者获取、处理或表达这些内容所需的语言知识、技能或能力。在任务准备阶段，还应特别注意两个问题，即语言输入的真实性和任务的难度。任务的真实性指在任务教学中所采用的语言教学材料所具有的自然的口头语言和书面语言品质的程度。在课堂教学的环境下，教师的教学材料既要有语言交际中使用的语言真实性，还应具有课程标准指导下的仿制自然交际真实性的特点，这两大特点共同构成了英语课堂环境的语言输入。任务型教学中任务的难度主要由学习的内容、活动的类型和学习者的自身因素三个方面决定。

（二）任务的呈现

任务的呈现是指教师在学习新语言之前向学生展示需要学生利用新的语言知识来完成的任务，也就是对于任务的介绍。此时，教师应当结合学生的生活或学习经验创设有主题的情境，以此激发学生的好奇心和学习动机。在这一阶段，教师要做的是为学生提供与话题有关的环境以及思维方向，并在所要学习的新知识与学生已有的旧知识结构之间建立某种联系，调动起学生的求知欲，使学生有想说的强烈欲望，满怀兴奋和期待地开始新知识的学习。在这一环节中，教师需要遵循先输入、后输出的原则，也就是说，在激活了学生完成任务所必需的语言知识和语言技能后再导入任务，这样不仅可以促进学生学习的顺利进行，还可以为下一阶段教学的开展奠定基础。

（三）任务的实施

任务的实施阶段是学生语言技能的主要习得阶段。在这一阶段中任务的选择极为关键，任务的难度对学生的语言习得水平也具有极大的影响。任务的难度过高或过低都不利于学生的学习，因此教师要合理选择任务的难度。在教学中出现任务难度过高或者过低的现象很常见，但是教师可以采取一定的措施进行补救。例如，当任务难度过高时，可以利用图表、图像等直观的手段降低任务的难度，除此之外，教师也可以为学生提供一定的讲解以降低难度；当任务难度过低时，教师可以在简单的任务后面添加其他学习内容或设计更多具有思维挑战性和判断性的任务。

学生完成任务的形式可以有很多种，如小组形式、自由组合等，也可以由教师设计许多小任务构成任务链。任务型教学中小组活动是比较常见的一种活动方式。在进行小组活动时，要有明确的个人任务与小组任务，要对学生和教师的角色进行适当的转换。当然，教师要对小组活动进行宏观指导，以使教学活动顺利开展。此外，为了鼓励学生，教师也可以参与到学生的小组活动中，这样不仅可以拉近教师与学生之间的距离，还可以在一定程度上缓解学生完成任务时的紧张心理。教师在小组中还可以及时地对学生实施任务的情况进行监督、指导，了解学生掌握新知识的程度，并根据具体的情况随时对教学策略实施调整，以保证任务完成的质量。

（四）任务的汇报和评价

学生在完成任务后可以派出代表向全班报告任务完成情况，代表既可以由教师指定，也可以由小组推选。两种方式各有优点。当学生汇报任务时，教师还应对学生进行指导和帮助，促使学生顺利完成汇报。在各个小组任务汇报完毕后，教师应当与全班一起对任务做出评价，指出各组的优点和不足，并评出最佳小组，让学生在完成任务之后品尝到成功的喜悦，同时认识到自己的不足，并在以后的学习中逐渐克服。在评价过程中，教师不仅要对评价的结果进行评价，还要让学生之间开展互评，这样有助于提高学生正确、理性地评价自己和他人的能力。对于完成情况好的小组，要给予精神鼓励或适当的奖励。总之，任务后阶段的意义在于为学生提供一个对任务整个实施过程进行回想和总结的机会，促进学生形成积极反思的习惯并使学生进一步关注语言的形式。

第二节　任务型教学模式的进步性及其对英语教学的启示

一、任务型教学模式的进步性

（一）体现了新的语言学习观和教学观

学习是一个自主的过程，学习者的创造性思维和积极的认知参与是学习过程最有效、最活跃的因素。第二语言学习不是教师不断给予学习者语言刺激，并经过反复的控制型练习而形成的一套新的语言习惯或者刺激与反应的连接。对于语言输入，学习者不会简单地习得，这不是仅仅将输入变为内化的问题。语言学习不是线性的、累积的过程，而是一个学习者运用自己的语言体验对语言系统整体进行推论、假设、概括的过程。换句话说，我们认定学习者会利用体验到的语言，但并不清楚是如何利用的。这一过程是隐蔽的、自然的，它不受到教师控制的影响。第二语言习得研究表明，教学无法也不能决定学习者的语言发展道路。因此，教师不能简单地决定让学生学什么，而是应积极关注这一隐蔽过程，即学习者个人在语言学习中的作用。由此看来，教学的目的不在于使学习者达到预先设定的学习目标，而应是为学习者提供有利于语言学习发生的条件和环境。教师的作用不是传授、或解释语言知识，或指望一步到位教会学习者什么。教师的作用应该是学习环境的创设者，学生学习的帮助者、促进者、支持者。正是这种全新的学习观和教学观导致了教学范式的转换，使课堂上的师生角色发生了根本性变化。

在任务型教学的课堂上，学生是课堂活动的中心和主体，他们不再是等待填满的容器，而成为需要点燃的火把。他们有了更多用目的语参与交际活动，强化认知过程，表达学习和情感需求的机会。他们积极参与课堂活动，为完成任务与小组、同伴积极协商，并要为自己的学习承担责任。这绝不意味着教师作用的降低，而是对教师提出了更高的要求。教师不能再像传统语言课堂那样一本书、一个教案，按照事先设计好的思路教给学生了事。他要从“学”的角度精心设计课堂。语言素材的选择和任务都要考虑学习者的兴趣、需求和认知水平。对于前任务、任务环、语言焦点各教学环节如何组织，可能遇到哪些问题，任务如何切入，突出什么，确定哪些语言点为提高语言知觉活动的内容等问题都要经过认真思考。在任务进行的过程中，由于学生的语言和想法都是不受控制的，他们提出的问题可能五花八门。这对于教师的目的语水平、应变能力、驾驭课堂的能力无疑提出了极高的要求。同时，教师要以自己的言行使学生感到安全、自信，乐于进行语言实践，促使他们对语言的积极思考，使学习成为学习者学会学习的过程。总之，在整个教学过程中，他们可以是解释者、参与者、促进者、赋能者。

（二）拉近了课堂与生活的距离

传统课堂受到的最严厉批评是教学与生活脱节。任务型教学则缩短了课堂与生活的距离。这首先体现在学习材料的真实性和任务与现实生活的相关性。完成课堂交际任务的目的是使学习者有能力去完成课堂外的类似交际任务。这种真实和相关使课堂学习与实际生活建立了直接联系。其次，任务型教学所倡导的合作学习和师生、生生间的交互作用、意义协商，若从教育社会学的角度来思考的话，即是将课堂看做了一个“小社会”，视教学为人际交往的过程。传统语言课堂以教师的“一言堂”为主，最常见的课堂人际互动表现为教师个体与学生群体之间的互动。但互动是否真正产生值得怀疑。互动是双向的，不能因为学生身在课堂就想当然地以为他真的在听。听了有没有思考，是否引起反馈更是另一回事。何况，教师的很多提问答案是现成的、预期的，只是看学生记住没有，能否复述，绝非真实互动。因此，传统课堂的互动与实际生活中的差距很大。任务型教学以同伴或小组学习为其主要组织形式，呈现的是师生之间、生生之间交谈、协商的言语行为。课堂话语复杂多样，由于交流是出于提出问题、解答问题、表达思想等需要，所以是真正的交际。这样的课堂话语无疑更接近真实生活。与此同时，合作学习、交互协商利于培养交际能力的同时，也使学习者学会合作、学会共处。其意义远远超过了语言学习活动本身。

二、任务型教学模式对英语教学的启示

（一）情景与目的

学习如何运用语言不仅仅是学习构成传统语言教学基础的传统语法、结构或功能。使用某一个结构也不是由教师或课本能决定的事情，这主要取决于使用的情景或说话者或作者的目的。情景对语言使用起着重要的制约作用，不同的场景、不同的时空、不同的身份都会影响语言的使用。有目的的语言使用也要与人发生联系，需要考虑交际双方所带到交际情景中的共享知识或“互明”，即他们已经知道什么，需要了解什么，否则就会遗漏重要信息。选择理想任务的一个关键就是要看这些任务是否能够提供情景和目的，是否能够满足学生对语言使用的真实体验。任务就是有目的的活动，学习者在活动中运用语言取得真正的效果。正是目的的中心地位（而不是语法准确性）把任务与语言练习区别开来，同时确保学习者能得到所需的信息，假如他们想在真实生活中知道什么时候以及如何运用语言的话。作为英语教师，要充分认识到情景和目的对语言选择的影响，因为这是真正跨文化交际的基础。英语教师应该更多地从语言的得体性来对学生提出要求，来判断他们使用语言进行交际的能力，而不应该过分强调语法正确性，因为语言知识有相当一部分是默会的。

（二）真实内容

所谓真实内容指的是，作为认知文本的真实性和对这种文本认知的真实性。认知文本的真实性与对文本认知的真实性是密不可分的。真实的交际是文本和学习者之间的互动过程，即需要为学习者提供与现实生活相关的真实性材料，这些真实的语言材料可以激发学习者的学习动机。除此之外，它们还提供真实的目标语文化信息和真实的语言输入，满足学习者建构语言知识的需要。这些优点往往是非真实语言材料所没有的。此外，真实性还必须与学习者的认知状况相关，包括有价值的意义和智力深度，通过与年龄相符的互动来强化动机和学习者的参与，而不是那些乏味的经常性的语言操练。所以，英语教师在设计任务时，必须综合思考认知内容的真实性，只有这样才不至于发生明知故问的

现象。

（三）角色转换

教师的角色决定了教师的课堂行为。在传统的英语教学中，教师充当知识的传授者，教师呈现知识，学生被动接受知识；课堂的组织者，精心组织和设计每一教学环节，维持课堂纪律，学生听从教师的指挥；活动的指导者，指导学生如何搞活动，如何做练习，如何获得各种技能；行为的最终裁决者，学生是裁决的对象。相反，在任务型学习模式中，英语教师根据任务的目标以及各个阶段的需要扮演不同的角色。在前任务阶段，教师是情景导入者和指令的下达者，学生是指令的接受者；在任务阶段，教师是提醒者或旁观者，学生是任务的执行者；在计划阶段，教师是学生的语言顾问，学生是报告的策划者或起草者；在报告阶段，教师是报告的主持人，学生是报告者；在语言聚焦阶段，教师是语言的引导者和活动的设计者，学生是语言的分析者和练习者。这是两类完全不同的角色、不同的教师课堂行为。前者反映教师中心的教学思想，而后者则体现了学生中心的教学理念。传统教学中的教师“领导力度”与学生的“自主程度”成反比，教师的领导力度越大，学生的自主程度越低。这就要求英语教师在采用任务型教学方法时，要尽快适应这种不同角色的转换，形成新的教学行为，让学生成为课堂的主角。这也是当前教师行动研究的问题之一。

（四）形式关注

虽然任务型教学把意义交流放在学习的首要位置，但这并非意味着不重视形式。事实上，任务型教学方法的挑战之一就是如何选择、排列和实施任务，使学生对意义的重视与对形式的重视结合起来，使他们通过语言使用的体验来扩大他们个人的语料库。任务型教学与传统教学的差别主要在于，前者强调通过用语言完成任务来学习语言（做中学），来发现需要；而后者则强调先打好语言基础，再体验语言产出（学后做）。

在真实的交际中，信息和手段都非常重要，它们是相互依赖，互为条件的，缺一不可。在执行任务的过程中，学生有时也会把注意力转到语码特点上——这种转移是由在理解或表达中观察到的问题所引发的。正是基于这样的理解，形式需要放到情景中去，根据说话者的目的来审视，这有别于传统的英语教学方法。在传统的英语教学中，常常是把语言从情景中剥离出来，教给学生一些抽象的语言结构或良构知识，然后再把这些知识应用到实践中去。任务型教学的价值在于交际，在于使语法知识情景化，通过情景来理解语言，学习语言。

（五）实践参与

现代社会，参与一词出现的频率越来越高，这在很大程度上得益于管理理论中一种新观念的支持和推动。20 世纪 70 年代雇员参与企业的管理与决策的新气象被应用到课堂中来。任务型教学为学生设计了各式各样的参与任务，其目的就是为他们提供广泛接触和使用英语的机会，为他们的语言建构和话语生成提供必要的条件。由于在传统的英语教学中，教师特别偏向于使用母语解释语法的复杂性，学生很难获得真实的语言使用体验。只有在通过目标语的大量呈现，任务型课程内容对语言学习才有价值，才能成为可理解性输入。学生才能把这些输入变成吸入，把它们内化到自己的语言体系中。假如某一单元的综合性任务是“办英语墙报”，这就涉及小组讨论和课外活动。每个学生都需要参与讨论确定墙报的名称、栏目、主题等内容，需要了解英文报刊设计情况，需要从网上收集大量的相关信息，需要采访写作等等。所有的这些讨论和活动都涉及对书面和口头语的大量接触和使用。如果学生能够接触足够的语言输入，就可以从中选择和抽取相关的信息来执行这个任务。当然，他们也可以用母语向专家请教办报事宜。这不仅使后继的目标语输入更加容易理解，还可以确保学生有真实的东西交流。这就创造了更大的交际需求，同时也强化了学习者的参与意识。

（六）问题分析

大量证据表明，学生在语言学习之始很难进行有意义的交谈，特别是在全班步调一致的教学中。任务型教学的优势之一是它有助于合作型的小组活动。假如学习者在这种互动中使用目标语表达真实的意义，教师需要知道影响交际顺利进行的问题所在，这就要求教师对每一次任务进行必要的分析。比如，在学生进行小组活动时，对他们的互动进行录音分析，了解使他们偶尔使用母语的原因是什么，学生在完成这类任务时最需要学习什么。教师可以有针对性地设计一些语言活动来强化这些必要的互动语言。这样一来，学生在今后执行类似任务时，就可以避免再次出现这种现象。这种方法充分考虑到学习者的输入，根据实际情况来确定学生的真实需要，不像传统的教师讲授那样，由教材或教师来规定学生的学习内容，让学生适应教材和教师。它还加强学习者对这种活动目的以及语言发展策略的认识。

（七）规划设计

任务型教学设计始于综合性任务，然后确定学生完成任务所需的输入，包括语言输入和信息输入。这些输入可以在任务环中使用。换句话说，教师应根据任务的要求而不是结构或功能表来规划设计。教师应该把学生在完成任务过程中所使用的语言和获得的体验录制下来，好好保存积累。这一点非常重要，因为这些录制资料可以成为学生的语料库，学生在解决相应任务时可随时调用，教师在选择或拓展输入时也需要这些信息为他们提供指引。在这一过程中，语言素材作为课程资源不断循环使用，新信息通过熟悉的语言介绍，新语言通过熟悉的内容导入。语言素材保存的新技术能满足各个不同小组学生的学习需求，为他们提供所需任务素材。教师应该为任务做好预先准备，精心设计，以便能在任务环中出现的困难和问题做出及时的反应。

第三节　任务型教学模式在高校英语阅读教学中应用的价值

一、有利于调动学生的阅读热情

在传统英语阅读教学中，教师通常都是将阅读文本中出现的新单词、新短语、新句型等语法知识点一一讲解完毕就宣告阅读文本的讲解结束。这种“只见树木不见森林”的教学方式使学生的阅读学习热情受到严重的打击。而任务型教学模式在英语阅读教学中的实践运用却极容易调动学生的阅读热情。这是因为在任务型教学的辅助下，文本的阅读过程转化成一个个任务的解决过程，学生是完成任务的主体，而教师仅在学生切实需要帮助时给予其必要的引导与鼓励，主体地位的尊重与保护使得学生完成任务、进行阅读的积极性得以充分调动起来。

二、有利于深化学生的阅读感知

在传统英语阅读教学中，学生对于阅读文本的认知与理解都来源于教师对文本的具体感悟，很显然，此种“拾人牙慧”的阅读教学方式并不能使学生凭借自己的努力领会文本其中所蕴含的深刻内涵。但是，任务型教学模式在高校英语阅读教学中的实践运用却可以有效改变这一不利现状。首先，学生在完成任务的过程中，要深入分析文本的结构，理清文本的脉络，还要站在作者的角度进行思考，而这些都将推动学生实现对文本的深刻感知。其次，学生或通过独立阅读，或通过小组合作，对文本的主要内容及情感主旨进行分析与探讨，这一深入解析文本的探究性学习活动将使得学生更加轻松且深刻地把握作者真正想要表达的内容。很显然，这有利于深化学生的阅读感知。

三、有利于提高学生的阅读能力

随着语言学及相关理论的发展，人们对于阅读教学规律的认识也日益深入。以下介绍几种较有影响的观点。

（1）语言学家哈默（Harmer）认为，教师应该给学生提示以便学生可以预测所读内容，这将使他们成为更好、更积极的阅读者。[①] 如果学生利用教师给出的提示来对文章内容进行预测，就可以激活自己已有的背景知识。同时，他们的预测将会在后续的阅读过程中得到验证。

（2）知识结构理论。这一理论认为，人在看到文字符号时之所以能够理解其所蕴涵的意义，除了依靠一定的语言知识外，还与一个人的知识结构有很大关系。与阅读有关的知识结构包括阅读者全部知识结构的总和，即对所学语言国家的社会和文化背景知识的掌握、对所读材料内容的熟悉，个人的生活经验、生活常识、逻辑知识和语言知识修养等各个方面。一个人的知识结构越庞大，其阅读单位就越大，难度也随之降低，速度因此而加快。

（3）图式理论。图式理论认为，阅读理解的过程是读者的背景知识与文本信息相互作用的过程。对阅读有影响的图式共有三种：语言图式、内容图式和形式图式。具体来说，语言图式指读者的语言知识，如词汇、短语、语法等；内容图式指读者对阅读材料的主旨或背景信息的熟悉程度；形式图式指读者对阅读材料的体裁的熟悉程度，即是否了解该类文章的语言特点与框架结构。

（4）二语习得理论。由于第一语言与第二语言在思维模式上存在很大差异，阅读者在阅读由第二语言表述的阅读材料时，仍会受到第一语言思维习惯的影响。此外，语言是社会文化的反映，对文化背景的熟悉程度也会影响对阅读材料的理解。由于思维模式的影响，以及不熟悉第二语言的社会文化背景，理解上的错误就在所难免。

传统的英语阅读教学模式由于忽视了阅读教学与阅读学习的内在规律而难以达到满意的教学效果。具体来说，许多教师没有认识到背景知识对阅读理解的重要性，往往忽略了背景知识的激活而直接进入阅读教学的环节。有的教师虽然能有意识地帮助学生进行课前准备，但也仅仅限于提出一些与课文有关的问题，或者帮助学生进行词汇、语法知识的预习。

相比之下，任务型教学模式通过任务的设计不仅可以激活学生的语言图式，

---

① 宋建勇．高校英语任务型教学与评价研究［M］．西安：西安交通大学出版社，2017：152.

还可以唤醒内容图式与形式图式，带动学生进行积极主动的思考。在思考过程中，学生可以在已有的生活、学习经验与阅读材料之间建立起联系，从而可以更加深入地理解阅读材料的写作思路、整体框架以及写作意图，提高阅读理解能力。

四、有利于优化学生的阅读技能

有效的阅读理解离不开阅读技能的正确使用。在任务型教学模式的实施过程中，学习者为了完成既定的任务，如回答问题、列出线索等，必然要综合运用各种阅读技能来对阅读材料进行理解、加工，如找主题句、提取有用信息、判断信息正误、按一定规则将信息排序等。这就为学习者提供了大量使用各种阅读技能的机会，进而促进他们阅读技能的提升。

五、有利于提升学生的综合素养

任务型英语阅读教学模式有利于培养学习者的主体意识、创新意识与合作意识，从而提高他们的综合素养。

任务型教学模式坚持以学生为主体，符合“自主建构”的教学论。在任务型阅读教学的过程中，学生的主体地位得到充分尊重，主观能动性得到充分发挥，因而可以建构和丰富自己的语言能力。此外，任务型阅读教学重视过程性目标，强调形成性评价，关注学习者的情感体验，这种开放的环境能鼓励学生最大限度地发挥自己的潜力。

任务型英语阅读教学有利于培养学生的创新精神与实践能力。根据教育心理学的观点，学习方法包括接受性与发现性两种。接受性学习以人的客观性、受动性和依赖性为基础，发现性学习则更加关注创新精神和实践能力的培养。任务型英语阅读教学是一种发现性学习，有利于培养学习者的实践、创新的意识与能力。

任务型英语阅读教学为学习者提供了与他人进行沟通、协调的机会。任务的完成离不开小组内部、小组之间或课堂内外的沟通与合作，学习者既要清楚明白地表达自己的意见，还要理解他人的看法，更要学会与他人进行意见的沟通、处理与协商，这对培养他们的合作意识和团队精神有着巨大的促进作用。

第四节　新时期任务型教学模式在高校英语阅读教学中的实施与应用

一、新时期任务型教学模式在高校英语阅读教学中的实施

（一）任务型教学模式实施于高校英语阅读教学中的任务设计

1. 真实性

我国传统英语阅读教学模式的一个明显弊端是讲授内容脱离真实生活，这是导致“高分低能”现象的重要原因之一。许多学生可以在英语考试中取得满意的成绩，但是在实际的英语运用中却表现欠佳。更进一步地说，学生对一些表达方式可能非常熟悉，但是却不能使用这些方式恰当地表达自己的想法，即无法实现其语言功能。因此，在英语阅读教学过程中实施任务型教学模式时应当在语言形式与语言功能之间建立起联系，让学习者在使用语言形式时能感受到语言的功能以及语言与语境的关系，从而提高学习者语言表达的得体性。

2. 实用性

在对任务进行设计时，不仅要注重任务的形式，更要考虑它的效果。应努力避免为设计任务而设计任务，而是要使任务始终围绕着英语阅读教学来展开。具体来说，践行实用性原则应从以下几个方面做起。

（1）任务的作用在于达到满意的阅读教学效果，因此任务既要符合学生的认知特点，又必须帮助学生理解所学知识，使学生在完成任务的过程中体会到知识的实用性。

（2）为提高学习者的参与性，在设计任务时要以学生的生活经验和兴趣为出发点，要有利于学习者练习、巩固英语知识与技能，从而提高他们的语言运用能力。

（3）任务的设计者还应充分利用有限的时间和空间，最大限度地为每一个学习者提供互动和交流的机会。

（4）任务的完成过程还应成为学习者扩大知识面的机会，因此任务的设计者应注重英语学科与其他学科间的相互渗透和联系，促进学生人文素养的提升。

3. 多样性

（1）内容的多样性。在设计任务时，任务的主题不应千篇一律，而要经常变换，如预备性任务、目标性任务等。这既可以调动学习者的阅读积极性，又

可以向学生提供语言形式的多种展现方式，从而提高他们对语言的理解力。

（2）形式的多样性。我国的大部分学生在课堂上的参与度不高，因此为了使每个学习者都参与进来，在设计任务时应考虑使用多种形式。例如，在参与形式上可以通过两人小组、四人小组或十人小组等，在阅读教学任务的完成过程中可以安排对话、协商等形式，在成果的展示环节可以安排口头报告、幻灯片展示、文字展示等。

4. 连贯性

任务型教学模式是通过一项、一组或一系列的任务来实现英语阅读教学目标的。这些任务既不是孤立地穿插于教学过程中，也不是毫无联系地堆积在一起，而是具有一定的内在联系。具体来说，每一项任务都以之前的任务为基础，同时每一项任务又是后续任务的出发点。这样，每一课、每一教学单元以及每个学期的任务就形成一个“任务链”，帮助学习者循序渐进地达到预期的学习目标。可见，连贯性原则就是指任务的设计应由易到难，层层深入，并充分考虑教学和逻辑的连贯与流畅。

需要特别说明的是，上述各原则并不是相互孤立的，而是相互影响、相互制约的。因此，在设计任务时应对它们进行综合考虑，避免顾此失彼。

（二）任务型教学模式在高校英语阅读教学中实施的具体步骤

1. 任务前阶段

激发学生的阅读兴趣应为本阶段设计的首要原则。教师应适当讲一些与本课有关的背景知识，如语法结构、文章主旨以及课文的相关资料。在阅读过程中，太多的语言障碍往往会影响学生对文章的理解，甚至对阅读失去兴趣。因此，教师可以先解释一些较难的句子和词语，但不应该对全部的生词、难句进行解释，应培养学生通过一些阅读技巧来猜测词义。另外，教师应使学生明确阅读目的，提高阅读效率。换言之，在英语阅读教学中，要做好学生阅读前的准备。如果总是让学生对课文的单词进行预习并且重复阅读，不仅乏味而且耗时，因此可以通过猜测的方法导入英语阅读教学，如把新单词写在黑板上面，让学生进行阅读并给出自我理解，最后教师进行正确解释。或者可以制作纸条写上英文单词或者中文解释，让拿到纸条的学生找出正确的对应项；通过图片让学生猜测文章的内容，让学生对接下来的阅读学习有一个大致了解；利用文章标题让学生对文章内容和背景知识进行猜测也可以提高教学的生动性；还可以在教学前针对所学内容设计一些问题，这些问题要与学生们的亲身经历密切相关，这样一来学生会感觉学习的内容是与自己有关的，而不仅是学习任务，这样就让学生有话题可以聊，在思考的同时主动参与学习。

任务前阶段的工作主要是布置任务，教师根据不同的课文设计出形式多样的任务，提出完成任务的方式及所要达到的目标。在这一阶段中，教师需要完成以下教学工作：一是创设任务情景。教师可以以谈话、游戏、故事、音乐等方式设置悬念，充分激发学生的学习兴趣。二是介绍阅读材料的背景知识。背景知识又称非直观信息，它储存于学生的长时记忆中，是影响学生阅读分析和理解的一个重要因素。适当介绍背景知识，可以帮助学生扫除障碍，对将要阅读的材料内容做出一定的预测。三是扫除语言障碍。语言障碍包括生词的语音、语法、词汇和句子等。教师可对部分障碍做出解释，但是要控制好生词释义的量。有些生词的词义可让学生通过上下文进行猜测。

2. 任务阶段

这一阶段的任务在于提高学生的阅读技巧，教师不仅要帮助学生对文章的整体框架和大意有初步的了解，而且还应该让学生了解作者的写作目的。教师可以设计几个小的任务链，让学生运用以下步骤去独立完成任务。

快速浏览全文：让学生快速浏览文章，了解文章基本结构及大意，找出中心词及中心句，抓住作者写作意图。

跳读：教师可根据文章的具体信息提前设计相关问题以引导学生有目的、有重点地快速浏览文章，使其能快速地回答目标问题。

细读全文：教师应引导学生带着目的仔细阅读文章，去获取全文及每段中的一些细节，了解每段大意及段落之间的相互关系。

阅读的中心环节就是阅读过程，阅读过程在很大程度影响学生的阅读质量。英语阅读不是念经书，不能敷衍了事，对于一些英语能力不足或者兴趣不高的同学而言，可以尝试快速阅读，通过把握一些中心句子了解文章内容和主旨，这样不仅快速而且实用。

此阶段中，教师根据阅读课文所提供的素材来设计任务。如叙事类课文，学生可通过小组合作把故事改编成短剧，然后进行表演；论述性课文可让学生总结出作者的观点，讨论其合理性并与自己的观点相对比，然后根据所持的不同观点进行辩论；描写类课文可让学生以小组为单位，一起合作把景物画出来，然后每组派一个成员结合图画把课文复述出来。在实施任务的过程中，教师的主要作用是监控学生的任务执行情况，如监控是否每个学生都有发言的机会，学生的发音是否正确、用词是否得体等，并把出现的问题记录下来。

3. 任务后阶段

在下课前，教师应该用简短的话语对课堂教学做一个总结，或者引导学生总结在课上所学到的内容。同时，教师可以布置相关作业，例如，让学生改写课文、做相关的完形填空或阅读理解等练习。另外，教师可以让学生完成一些交际任务，引导学生通过讨论表达个人的观点。学生完成任务后，教师应对其做出评价，发现问题或提出相应建议，评价要具有激励性。

在阅读结束后，教师可以根据文章内容，结合实际安排任务活动，也可以引导学生进行思维扩散。在这一环节中，教师不能仅局限于本单元内容的学习，而应把前几单元或者以往学习的相似知识联系起来，寻找到其中的规律，这样学生对于所学内容就更加清晰明了。

二、新时期任务型教学模式在高校英语阅读教学中的应用

（一）任务型教学模式在高校商务英语阅读教学中的应用分析

1. 设置情境，激发兴趣，布置任务

在阅读课中教师为学生提供与主题有关的信息，或者让学生自己准备与本节课主题相关的内容。例如，让学生查阅有关商业组织、商界成功人士、商务文化的资料，然后在课堂上互相交流。在阅读教学中，教师和学生应处于一种互动的交际活动中。要想在以后职业中成为交际能手就应该首先从课堂上的交际入手，把教师当作客户进行实际交谈和商务合作演练，这样既能训练胆量又能提高交际能力，在以后职场中获得成功的几率就越高。同时，教师还应适时地给学生布置任务，让他们有备而来，利用任务驱动他们去学习，使学生在课堂上主动配合教学活动。具体来说，教师应该根据教学的内容，提前让学生准备相关的材料。如在阅读 *What Are People in the Market For*?（人们去市场的目的是什么?）前，让学生查阅马斯洛（Maslow）的需要理论，并思考“马斯洛金字塔”与人的消费行为的关系，了解人们的消费心理，并思考如果自己是营销人员应怎样充分利用马斯洛金字塔理论去开发产品，开拓市场并促进消费。经过这样一系列的思考和准备，在课堂上学生就会很愿意将自己的见解和创新表达出来。这样既培养了学生开拓创新的能力，又锻炼了其说话能力和人际交往能力。

同时，在任务型商务英语阅读教学中，还应注重对学生阅读技巧的培养，把握文章的总体结构。在刚开始可以引导学生选择一些较容易、篇幅较短以及较接近生活的商务材料进行阅读，以增强学生阅读的自信心，然后再由浅入深、由易到难，如此，就更容易引起学生的学习兴趣，更能培养学生的探究式学习能力。因此，教师要多设置任务情景，呈现相关的语言材料和语言情景，使学生置身其中，获取商务知识，提高语言技能。在任务的驱动下，促使学生养成积极主动学习和思考的习惯，培养学生的实践和交际能力，提高学生对未来竞

争激烈社会的适应能力。

2. 注重跨文化知识的传授

在商务英语教学中，不仅要培养学生的听、说、读、写能力，还要从文化层面上对学生传授知识。从实践层面上看，阅读教学是使学生能够将所掌握的语言和知识去运用的过程，通过阅读更多地了解国外的文化知识。因此，在教学过程中，应注重跨文化知识的传授，以提高学生的阅读水平，达到阅读理解教学的目的。阅读理解是人对物进行的一种积极的思维过程，通过表象的字面理解延伸到对其深层次的隐含意义的理解，从而真正把握阅读材料的真实目的，只有这样解决问题时才会游刃有余。学生对字面意义的理解并不难，难的是对材料深层次的理解和把握，这不仅要结合文章的本身意图，还要联系本国的风俗习惯和文化背景来进行阅读。在任务型商务英语阅读教学中，教师可以在课堂上对国外文化进行介绍，还可以指导学生进行课外阅读，拓宽其知识面，并将课外掌握的文化知识在课堂上进行讨论交流，激发学生的表现欲望，促使他们在相互学习中获得知识，增强他们在未来竞争中的商务交际能力和技巧。因此，教师每次都布置一部分内容或一篇课外阅读材料让学生去阅读，积累知识，提高阅读速度和质量，然后在课堂上进行讨论交流，让学生带着任务去学习，提高学习效率。

3. 模拟情境，培养学生交际能力

在任务型商务英语阅读教学中，教师可以根据阅读内容适当安排一些虚拟商务活动来提高学生的商务交际能力，提高其语言运用策略。如在班级组织商务谈判活动，选派学生扮演不同的角色，可让一个同学扮演营销人员，另外部分同学扮演外国客户，进行一次现场商业贸易的谈判活动，营销人员应充分发挥其聪明才智将客户留住并达成协议。这样就给了学生一个明确的任务，然后在任务驱动下让学生去学习语言知识，进行技能训练，创设任务情境氛围，促使学生形成积极主动的学习态度，调动其完成任务的积极性，并将任务结果利用多种形式的讨论或谈判在课堂上展示出来，进行实际交际能力的训练，促进学生学习英语的兴趣，进而提高商务英语阅读教学质量。

（二）任务型教学模式在高校英语阅读教学中应用的优化建议

1. 对教师进行任务型教学的理论指导和实践培训

英语教师必须加强学习，以便提高自身的综合素质、拓宽自己的知识面，这样他们就会对任务型教学模式有更好的理解和把握，会适应任务型教学对教师素质的要求，从而在阅读教学中取得良好的效果。学校或教育研究部门可以组织专家、教授、学者定期对一线英语教师进行理论培训，使教师对任务型教学模式的理念更加清楚，应用起来也得心应手。另外，专家可深入课堂，指导一线英语教师使用任务型教学模式进行实际的阅读教学。

2. 根据阅读材料和学生特点设计阅读任务

教师应该充分利用行之有效的方法设计英语阅读学习的任务，做到对任务型教学模式的灵活应用。对阅读任务进行精心设计有助于提高学生学习的主动性和积极性。教师所设计的阅读任务应该涉及学生比较感兴趣的内容和主题，任务的形式也需要灵活多样。在设计任务时还必须注意任务的完成能使学生获得成就感。同时，教师在设计任务时必须考虑到学生的主体地位，对任务的排序、难度和不同任务之间的衔接进行充分考虑和认真把握。另外，教师还可以考虑设置多元化的任务。例如，对于难度比较简单的阅读材料，教师可以提高学生活动和任务的复杂性；而对于难度比较高的阅读材料，教师在设计任务和活动时应该做到由易到难，层层推进，让任务实现阶梯化；而对于那些对学生的能力要求相对比较高的活动和任务，教师可设计让学生以小组为单位，利用组内所有学生的能量共同完成；如果任务对学生能力要求不是太高，就可以要求学生独立完成。

3. 确立学生在任务型英语阅读教学中的主体地位

首先，英语教师必须尊重学生在任务型阅读教学中的主体地位。如果教师在教学活动中将学生看作是没有生命的知识容器，就不可能尊重学生，就会抑制学生的思维能力、学习的主动性和创造性。事实上，在阅读教学活动中，学生是信息加工的主体。因而，教师在利用任务型教学模式进行英语阅读教学时，应该将学生视为知识的主动建构者和学习活动的中心。在任务型阅读教学中，教师应该帮助并促进学生利用现有的知识和经验进行意义建构。

其次，英语教师必须充分发挥学生在任务型英语阅读教学中的主体作用。个体都具有价值实现的需求，如果学生能够意识到自己在学习活动中的主体地位，他们就会发挥自己的意志力和潜能，并调动所有智力和非智力因素来实现个性化发展。同时，英语教师还需要维持良好的课堂纪律，以确保课堂氛围不散漫。在这样的学习环境下，学生才能充分发挥自身的主动性和积极性去解决阅读任务，从而促进任务的顺利完成。

学习过程实际上就是学生技能发展和智力提升的过程。在任务型英语阅读教学中，教师必须重视学生主体性在提高他们阅读能力中的重要作用，每次上课前，教师应该和学生沟通，了解到学生对英语阅读课的预期，并据此确定阅读课的阶段性目标，并特别强调每节课的难点和重点，不断激发学生主动学习的动机。同时，英语教师在设计教学任务时应该考虑学生的兴趣，通过对教学流程的精心设计，逐步引导学生利用自身的主体性完成教学目标和学习任务，满足学生对本节课的心理预期。这样教师不仅可以营造轻松的学习氛围，而且可以给学生提供学习支架。另外，教师在引导学生学习词汇和句式后，应该给学生创设相似的学习情境，并提供互动机会，这样学生就会对所学内容当堂掌握。通过让学生在真实的交际情境中运用阅读课上所学的词汇和句式来表达自己的观点和看法，就会让学生体会到他们在阅读课上所学的知识在现实生活中能够用得上，这也是学生进行任务型学习的动力源泉。

4. 建立完善的任务型英语阅读教学评价体系

首先，任务型英语阅读教学的评价内容必须全面。不但要考查学生的阅读学习策略是否恰当，还要考查其语言运用能力的强弱。其次，任务型英语阅读教学的评价形式必须多样化，应该包括形成性评价和终结性评价，利用两种评价相结合的评价方式，不仅重视对学习结果的评价，而且重视对学习过程的评价。比如对学生的书面作业、口头回答、课堂展示、参与程度、合作精神和学习态度做过程性评价。最后，任务型英语阅读教学还需要重视非测试性手段和测试性手段的综合运用，如成长档案、访谈、观察等。

第七章　新时期高校英语阅读分层处方教学模式研究

作为一种教学实践的探索，分层处方教学模式为高校英语阅读教学提供了新的视角，折射出了阅读教学的个性化特征，在避免教学偏激的情况下实现了学生的共同发展。本章即对新时期高校英语阅读的分层处方教学模式展开研究。

第一节　分层处方教学的内涵与理论依据

一、分层处方教学的基本内涵

（一）分层处方教学的概念

所谓分层教学，就是指教师应该依据学生具体的实际情况以及学生之间的个体差异，采用有的放矢的、有差别的教学，争取让每一个学生都能扬长避短，得到最佳发展。分层教学，既是一种教学策略，也是一种教学模式，更是一种教学思想，它强调的是：学生都存在着个体差异，这是一份宝贵的、可供开发利用的教学资源，教师的教一定要适应学生的学。面向全体学生，正视他们之间存在的个体差异，同时针对他们各自的“最近发展区”，通过实行分层来推进教学，从而使各个不同层次的学生都能达到与之相应的目标，使他们都能在最适合自己的学习环境中求得最佳发展，这是分层教学的核心所在。由于学生在生理发育、兴趣爱好、心理特征、学习方法、智力水平、潜在能力等各方面都存在着差异，接受知识的能力也有所不同，所以必须从实际出发，因人制宜，才能使不同层次的学生都能在原有基础上有所提高。

分层处方教学，就是以分层教学为前提来实施处方教学，通过分层，可以

“量”出学习者（学生）个体的学习基本水平，针对其个人的资质，教师须制定出具有针对性、渐进性、特殊性和专门性的教学处方。教师在其教学过程中，综合运用设定的个性化的教学处方对各层进行教学。概括地讲，分层处方教学是依据教学原则，对各层次的学习者设计出适应个体的、符合学习者自身实际学习能力的教学处方并进行教学的方法。这一探索性的教学方法遵循了学生个体身心发展的规律及其特点，理论基础科学，可操作性强，融合了分层教学法与处方教学法的优势，弥补了二者间的不足，结合学生个体发展的身心特点和学习的实际状况，可以最大限度地发现并发展各层次学生的优点和特点，以求发掘每一个学生个体潜能、学习水平和综合能力得到最大化的提升。

（二）分层处方教学的三个关注点

个体的个别差异表现在很多的方面。学生的学习能力以及在学习过程中表现出来的学习方法、学习倾向、学习动机等存在着很大的不同。学生个性的不同所表现的典型学习特征也不同，学生的个性特征可划分为内向与外向、感觉与直觉、思维与情感、判断与知觉这四维八级，这四维八级在学习活动中表现特征又各不相同。正是因为个体与个体之间存在着很大的差异，教师在其教学过程中就应该承认这种差异，如何利用教学中存在的这种差异，创造性地展开教学是问题的关键。分层处方教学正是在针对不同学生个体的基础上，承认差异、因势利导、发展个性，最大限度地发展学生个体的内在学习潜能。因此，分层处方教学是针对不同的学生个体学习事实，教师的教学及内容不断变化，教学成了教师对当下教学情境的有针对性的和创造性的行为。鉴于此，分层处方教学在设计中，教师应着重关注以下三点。

1. 维护学生自尊，让学习成为愿望

教师在实施分层处方教学时，首先，应该要向学生提前说明分层及处方的目的和意义，同时也须向学生阐述分层处方教学的方案，统一教师与学生对这一教学方案的认识，以使学生能够理性对待分层处方教学活动，对自己当下的学习能力有比较客观的认识，随着对该教学活动的认识、了解和理解，激发进一步学习的动机。其次，教师在教学过程中，要求并指导学生能基于客观事实来展现自己，真实而合理地评价个人的学习能力，同时教师也应该结合自己的判断，帮助学生找到个体合适的学习能力层次。然后，在征得学生的同意下，教师可以公开学习能力层划分结果，这样，学生可以实事求是地选择适合自己能力的学习层，在教学过程中，教师可以有的放矢地针对每个层中不同的个体而给予相应的“处方”式教学，能调动学生参与学习的积极性。需要表明的是，学生处于一定的学习能力层的结果，并非一成不变，经过一定学习周期后，师生共同根据实际的学习能力再进行新一轮的调整，即让原有的学习能力层逐渐解体，新的学习能力层不断地形成。这样既维护了学生的自尊心，让他们体验到学习的乐趣，一定程度上也调动了他们参与学习的热情与积极性。

2. 以学生客观能力为事实前提，注重个体差异

教师在实施分层处方教学过程中，由于处于学习能力不同层次的学生个体都存在着差别，必然要求教师须从个体的差别出发，根据客观真实的个体学习能力而安排教学，在教学中发挥处于各学习能力层学生的个体能力，既满足学生学习所需，又展示其个体的长处。

3. “处方”的实施要满足学习者个体所需

分层处方教学一定是基于个体学习中存在的问题或“病理”，教师予以“诊疗”，并就“病情”给出“处方”，即这种教学是根据各层的学生个性化的学习能力情况而定。当然，教师既要“对症下药”，又要考虑学生个体的可接受能力，避免处方教学使得学生个体陷入学习低效能状态。

二、分层处方教学的理论依据

（一）有效教学理论

有效教学的理念起源于20世纪上半叶西方发达资本主义国家的教学科学化运动。美国实用主义哲学和行为主义心理学影响的教学效能核定运动，引起了世界各国教育学者的普遍关注，随着20世纪以来科学思潮的影响，以及心理学特别是行为科学的发展，人们意识到，教学也是科学。于是人们开始关注教学的哲学、社会学、心理学理论基础，以及如何用观察、实验等科学的方法来研究教学的一系列问题，有效教学就是在这一背景下提出来的。[①]

有效教学的内涵主要表现在三方面，即有效果、有效益和有效率。

1. 教学有效果

所谓的效果是指由某种因素、做法或者力量所产生的结果（通常情况下指的是好的结果）。而教学效果则是因教学活动而出现的状况，其中包含受教学影响而出现的一切成果。既然教学效果是指教学活动的所有成果，考察教学是否有效果首先要看教学产生的实际结果，也就是说这样的结果对学生的学习进步或个体的发展是否有促进作用。在教学过程中，如果教师的教学活动可以满足学生的某种需要，达到了某种目的或取得了某种结果，这样的教学活动可以说

---

① 陈晓端．有效教学理论与实践［M］．西安：陕西师范大学出版社，2007：3-10.

是有效果的。也就是说，教学效果最关注的是效果的有无，与教师的教学态度、教学意图、教学设计、教学动机、教学投入等无关（尽管这些因素已在某种程度上影响教学效果）。也就是说，教学有无效果并不是简单地指教师教学态度是否认真或者教学内容有无完成，而主要是看学生能否学到东西或学得好与坏。单纯从理念范畴上讲，教学效果既不考虑教学结果的好坏、教学结果能否满足个人和社会的需要，也不从教学的投入与产出来分析教学所得。教学效果如何，其落脚点是“学”，即所谓的教学有无效果，其衡量的唯一标准就是考察教师在教学之后，学生有没有获得具体的学习进步和个体的发展。对学生来讲，如果他在教学过程中所掌握的知识没有一点点进步，可以说这样的教学完全是无益的。每个教师和学生所面临的最大潜在危险就是无效的教学付出。因此可以说，有效教学就是指取得了教学效果的教学。

2. 教学有效益

所谓的效益则是指“效果和利益”。如果说教学有效果注重的是学生在教学后学到了“东西”，即有了“结果”，那么教学有效益则强调的是学生学到的“东西”（“结果”）是可以派上用场的（即能够为己所用）。换句话说，如果学生学到的是对自己无用的、没有实际意义和价值的东西，就算学生再努力地学习，收获了所谓的效果，其实也是毫无效益的。而且，对于“有益”和“有用”的认识也不能片面化、功利化、狭隘化，以为学生成绩提高就等同于教学有效益，而要从学生个体全面发展和终身发展的高度予以审视。如果基于本质上来审视，教学价值的具体体现则是教学效益，即考察教学效益如何，主要应关注教学活动所产生的结果与个人及社会发展的需要是否能够吻合，抑或其吻合程度如何。可以看出来，教学效益强调的是教学活动与其结果的合目的性、合价值性。具体而言，教学效益反映的是教学活动的目标与教学结果之间的关系，主要表现在个人效益和社会效益两个方面。对个人而言，有效益的教学是要引导和帮助学生学会学习、学会生存、学会创新、学会合作，促进学生个体品质、知识、智慧、能力以及体格等各个方面的健康成长与发展，为其一生的发展和幸福奠定基础。对社会而言，有效益的教学体现在培养符合社会对人的要求的人，培养合格和优秀的公民。

3. 教学有效率

所谓的效率则是指在“单位时间里完成的工作量”，因此，教学效率即为单位的教学投入里所能够得到的教学产出量。前文中的教学效果是从教学产生了结果的角度来判定的，教学有效益是从这种结果达到预期的结果的角度来判定的，但这两者均未考虑教学投入与教学产出之间的关系。即使教学产生了结果，且产生的结果是所期望的，如果教师仅仅为了这样的教学结果，却付出了大量的教学投入则是不合理的，即教学的投入与教学的产出极不相称，那这种教学也不能称得上是有效教学。因此，真正的有效教学一定是以效果和效益为前提的，还要兼顾效率。也就是说，教师应该追求低投入、高产出的教学效率。鉴于此，教师减少教学投入、增加教学产出则成为教学活动的追求目标。从教学实践层面上讲，教师在课堂教学过程中要提高效率，一是要尽量避免不必要的时间浪费，将有限的课堂时间最大限度地用在符合教学目标和任务的教学活动上；二是要注意精选教学内容和科学地确定教学重点，在教学过程中很大程度上提高时间的利用价值；三是要立足学生个体和教学实际，争取每一个学生、至少绝大部分学生都能取得尽量多的进步和发展，而不是只是促进一部分学生或少数学生地发展。

综上所述，有效教学是强调教学效果、效益和效率的教学观。作为有效教学的三个考察维度，在教学过程中，三者缺一不可，缺失任何一个维度的教学，都不能称得上是有效教学，因此，有效教学必须要让学生学有所得、学有所获，而且学的东西必须是有用的、有价值的，是符合个人与社会发展需求的，同时学生学习的方法和过程必须是符合教学规律和简洁省时的。

（二）教学过程最优化理论

20 世纪 70 年代，针对学生存在因学习成绩不佳而留级的现象，巴班斯基提出了教学过程最优化理论，旨在解决这一教育教学现实问题。他认为，在一定的教学条件下，为了让教师花费较少的精力在最短的时间内获得最好的教学效果以使学生能得到更好的发展，对学校教学进行整体优化尤为重要。因此，教师在教学过程中能否寻求到合理的教学方案，是优化教学过程中最核心的问题，即如何合理地组织教学。①

其基本的方法体系如下：

（1）科学合理地制定学生的培养和发展目标，注重全面发展；

（2）深入研究学生，在此基础上具体落实任务；

（3）根据教学大纲，合理选择具体化的教学内容，并区分重点与难点；

（4）综合选择合理的教学方法和形式；

（5）针对不同的学生特点而区分对待；

（6）创造必要的条件（教学物理条件、教学道德心理条件和教学卫生条件等），合理调控教学时间和速度。

---

① ［苏联］巴班斯基．教学过程最优化——一般教学论方面［M］．张定璋，等，译．北京：人民教育出版社，1984：24.

从巴班斯基提出的教学过程最优化理论可以看出，该理论为教师展开个性化的教学提供了理论依据和指导方略，以保证教师在教学过程中在教学目标的确立、教学内容的处理、教学方法的选择、教学结构的建构等方面能够做到科学判断，对症下药，付出最低的教学代价，争取很大程度上的处方教学效果，亦即从系统论的角度取得局部或全局的最优化效果。

（三）差异性教学理论

差异性教学是教师为了促进所有的学生在个人原有的基础上得到很大程度上的发展，因学生的学习态度、能力倾向、学习速度、学习方法和兴趣爱好等方面存在着较大的差异，教师在教学过程中为了满足不同学生个性化的需要，从而调整教学过程、教学内容和学习成果的呈现方式的一种教学活动。① 教师实施差异性教学的前提是对学生及教学的相关信息进行搜集、判断和评估，特别是教师在其教学过程中应该关注学生已有的知识与教学内容的关系，即学生的认知结构应该与教学的知识结构匹配或最大限度地匹配，学生的心智逻辑应该与教学逻辑相吻合。也就是说，教师在教学前要对学生进行“诊断”，因为“诊断结论”是学生们学习新技能的首要条件，查明和了解学生的学习需要，将教学注意力集中在学生欠缺的问题上可以避免一定的重复教学。教师在教学过程中做到有据可依、有的放矢，了解学习者学习的差异性尤为重要，这样方可根据学习者的差异及其表现及时“纠偏”。

差异性教学是一种面向学生学习特质差异的教学思想、策略和方法的总称，而非独立的教学形式。它将学生的学习特质差异视为教师的教学资源，教师在个人的教学过程中，关注学生学习的差异才能使自己的教学设计更能体现出针对性。差异性教学理论运用的理想表现则是教师对学生个性化的辅导，以教师承认学生学习差异为前提，课程教学前诊断出学生学习方面的特质并将其进行有效的表征，为其制定出相应的个性化的“疗程”，以使得在“治疗”过程中的教学方法和策略起到“疗效”。值得一提的是，在差异性教学理论的实践过程中，最为重要的是教师要抓住学生个性化中可以塑造或改进的内容，而非一味地迎合学生的个性风格，为了个性而“个性”。

---

① 马爱军．英语教学中差异性教学策略研究［M］．合肥：合肥工业大学出版社，2018：10.

第二节　高校英语阅读分层处方教学设计

一、分层处方教学对高校英语阅读教学的积极意义

(一) 对学生阅读学习的积极意义

分层处方教学是教师依据不同学生的阅读学习现状，制定出相应的“处方”和“诊疗”计划并予以实施。对学生个体而言，保证了教师教学与学生学习的连续性，在这样“私人处方”的背景下，学生可以跟随教师长时间系统地参与研究与学习，在这一复杂的创造性的历程中，学生无疑是最大的受益者。在一定程度上，分层处方教学认为每个学生都有进一步提升学习能力的空间，在阅读教学实施过程中凸显了学生的主体地位。在这样自由的学习氛围中，教师根据学生的学习进步程度，要对其调整相应的水平层，也意味着教师要不断更新和调整相应的“处方”。学生可以接收到新的知识，特别是新的思想，这种对学生个人来讲是一种为个体量身订制的教学，必然会让学生针对自身阅读学习中存在的问题不断改进和提升，必然会让学生体验到阅读学习进步所带来的愉悦，进一步提升学生阅读学习的主动性和积极性。这种创造性的教学对于学生追求自由和真理也起到了积极的推动作用，有利于学生综合潜力的挖掘和人格的全面发展。

(二) 对英语教师发展的积极意义

英语教师在教学过程中首先面对的是个性迥异的学生，他们需求不同、学习水平也有不同，英语教师要在教学过程中让每一个学生都达到阅读教学目标的要求，进而让每一个学生的阅读水平得以提升，就必须科学合理地对学生进行分层，在此基础上提出不同层次学生的教学目标与进度，与此相应的还应该有适当的考核标准，这一工作必然是一种高难度、创造性的活动，客观上要求英语教师不断地阅读资料，全面深入了解每一个学生，在阅读教学过程中，反复思考、研究，从备课、上课、辅导、作业等环节入手，不断优化每一个环节。分层处方教学是一个较为复杂的动态过程，也就意味着教师需在不断优化教学环节进程中，推动新一轮的“分层、诊断、备课和上课”往前发展。由于在阅读教学过程中，教师的针对性强，不同的学生都能获得符合“个体能及”的知

识，自然“乐学”，这在一定程度上对英语教师也起着激励与鞭策作用，促使英语教师不断反思教学，改进阅读教学，创新阅读教学，使阅读教学活动良性循环。

二、高校英语阅读分层处方教学设计的原则

（一）教学适切原则

教师在进行英语阅读分层处方教学时，须针对不同阅读学习水平的学生进行初步的分层，并开展相应的教学。此外，就某一学习水平层的学生来讲，又是由若干个个体组成的，每一个个体的阅读兴趣、阅读需求又各不相同，因此，教师对于该层的学生实施处方教学时，要综合考虑学生个体的身心特点，对每个个体的“处方”要建立在与其个人适合又旨在发展的基础上。当然，这种处方教学一定要让处于某个学习水平层上的个体能够体会到学习的挑战性，以挖掘个体的学习潜能。

（二）发展激励原则

维果茨基在“最近发展区”理论中认为每一个学生在个人的学习发展过程中，都会存在两种水平，即潜在的水平和现在的真实水平，但二者之间存在着一定的“距离”，这种“距离”（区域）就叫“最近发展区”。[①] 因此，教师在开展英语阅读教学活动的过程中，应该在学生的这种学习“距离”上做文章，努力把学生学习的最近发展区转化为当下的真实学习水平，同时，教师应该持续不断地帮助学生建构出适合个体状况的更高水平的最近发展区，只有这样，才能促使学生持续地发展与进步。不可否认的是，这样更高水平的最近发展区的建构，需要有教师及时给予学生各种形式的激励，对达不到更高阅读学习水平的学生应施以援助之手，对达到个人风格更高水平的学生予以肯定。也就是说，在英语阅读分层处方教学过程中，教师不但要做到为每个学习能力层的学生创设成功的机会，而且要最大限度地为处于某个学习能力层的不同个体处方的创设提供进步的机会，让每一个在教学过程中能够将教师的激励转化为学生自我学习并体验成功愉悦的内驱力。高校英语阅读分层处方教学的发展激励性原则体现了“以生定教，以生为本”的教育教学理念，面向每一个学生，让学生在愉快的学习体验中得到和谐的发展，这也是英语教学应该追求的理想。

---

① ［苏联］维果茨基．维果茨基教育论著选［M］．余震球，译．北京：人民教育出版社，2005：2.

（三）动态渐进原则

教师在英语阅读分层处方教学过程中，对处于不同学习水平层的学生应该实行动态管理。教学总是按照一定的目标予以推进的，对于处于某种阅读学习水平层的学生来说，当他（他们）已经达到了教学目标要求时，教师要及时调整他（他们）所处的学习水平层。事实上，处于某一学习水平层的不同学生，他们的学习倾向与优势各不相同，教师要针对处于每一层的不同个体分别施以“处方诊疗”，目的是希望他们能达到预设的教学目标。然而，学生在接受了与自己适切的“处方诊疗”后，向更高学习水平层迈进的速度又不尽相同。因此，对于在短时间内难以达到更高层次目标的学生，教师除了针对个体的实际给予帮助外，也可降低其所处的学习水平层；对于达到了更高层次目标的学生，也应当及时给予对方学习效果的反馈，以让他建构个人更高层次的学习目标。当然，学习水平层的动态调整不能过于频繁，在某一学习阶段内，学生学习水平层应该保持相对的稳定性，以维护学生的学习自尊与自信，教师应以学生为基点，动态管理处于各个学习水平层的学生，科学促进学生不断提升自己的英语阅读水平。

三、“优秀生”的英语阅读分层处方教学设计分析

强化逻辑思辨能力、拓展文化背景知识是全面提升“优秀生”英语阅读水平的有效路径。“优秀生”在英语阅读语言层面的问题大都已经解决，文章理解精确，区分题目作答体系健全，答题准确率高，对自己英语阅读能力也相对更加自信。如果对于这个水平层次学生的英语阅读教学仍然停留在语言技能或阅读策略上，或者只是追求这些学生取得好成绩（其实是一种保持而非进取），无论是对教学资源还是学生自身潜质都是一种浪费。

（一）强化学生逻辑思维

对于这个水平层面的学生，英语阅读教学应该首先强化其逻辑思辨能力。分层处方教学在教学过程中一般通过精读文章特定段落和讲解特定题目来训练和提高学生对文章或题目选项中的干扰信息的识别和辨析能力。比如，在教学过程中发现，一些英语学习很优秀的学生在做阅读理解中的多项选择题时，会出现文章完全理解到位，题目和选项也都能看懂，甚至 4 个选项轻松排除掉 2 个之后，在剩下的 2 个选项经常纠结（选对了不知道另外一个选项错在哪里、选错了看了答案解析都不能说服自己）的情况。基于此，经过多年的英语阅读

教学经验积累，本书归纳出在高校英语阅读教学过程中强化“优秀生”逻辑思辨能力的“四个尊重”（尊重作者、尊重主题、尊重原文、尊重直接证据）的阅读原则和“四种干扰”（偷换概念、主次混淆、观点错乱、过度推理）的辨析程序。引导学生学会对自己英语阅读过程中逻辑思维和辨析程序方面存在的问题进行诊断，针对性地进行矫治训练，不但提高了英语阅读水平，更重要的是强化了逻辑思辨能力。

（二）拓展文化背景知识

英语阅读教学要重点关照“优秀生”文化背景知识的拓展。对这个水平层次的学生而言，教学指导应该跳出“英语”、跳出“阅读”、跳出“语言”、跳出“策略”、跳出“答题”的限制，通过英语语言工具，阅读材料载体，不仅要帮助其提升获取和加工信息的能力，更要引导其拓展文化背景知识、构建更加完备的知识体系，最终促进每个学生个体更高层面的发展。在教学过程中，教师会给“优秀生”提出更高的学习目标，指导他们在完成阅读任务的之后，要把与文章主题相关的一些专业词汇与知识，按照经济、教育、社会文化、医疗健康、环境保护等约 12 个领域进行分类学习、对所学文章的写作框架进行归纳分类、对文章中所涉及的文化背景知识、作者生平和所处时代背景等信息及时查阅了解，尽最大努力提升高校英语阅读教学的“知识性”而非“语言性”的产出效果。

四、“中等生”的英语阅读分层处方教学设计分析

剔除重点语言障碍、改进阅读答题思路是突破“中等生”英语阅读瓶颈的攻坚之举。“中等生”的阅读词汇量和句法方面的一般问题都已解决，文章大部分句型的字面意思能理解正确，一般的题目也能答对，但准确率不太稳定或一直在及格线附近徘徊。对于中等水平的学生，英语阅读教学的重点应放在对语言基础方面的重难点问题的指导，对阅读中隐性信息的捕捉、理解以及对做题程序的调整。

（一）立体解决学生词汇中的重点问题

虽然有相当比例的“中等生”认为自己词汇量不足，但那只是因为处在该水平的学生词汇运用方面的不足造成的一种假象。此类学生词汇量即便不足，缺口也不会太大。教学在过程中，一般让学生在坚持阅读的过程中标注出文章中的生词进行学习即可；通过让学生系统学习构词规律资料，掌握表示反义否

定、数量方位、形容词化、动词化、名词化等10类前缀和后缀，使得学生的词汇认知水平迅速提升；同时指导学生掌握对英语词汇的5类活用规律，促进学生英语词汇的应用能力，从而加强阅读理解的精确性。

（二）针对性指导英语阅读中的难点句型

由于“中等生”对于阅读文章中的一般句子都能理解到位，主要针对文章中的复杂长句（25个单词以上）和特殊句型（如否定转移、部分否定、倒装结构等）进行处方教学，每个句型讲解完成后，要求学生把类似例句反复解析翻译，以形成对此类句法解析理解的经验图式，在自己独立解决未来阅读文章中出现类似句型时自觉发生正迁移。

（三）阅读策略教学以文章主题和主线的逻辑分析为主

处方教学重点讲解主题词在文章中隐性再现的规律（同义置换、相关省略、暗喻指代、逻辑提示），帮助学生学习如何牢牢把握文章主题，更加精确理解各段中心信息，深入分析全文的内部逻辑等方面的阅读策略和方法，为学生进入“优秀生”阅读理解水平创设条件。

五、“后进生”的英语阅读分层处方教学设计分析

强调宏观主题理解、弱化具体语言要求是帮助“后进生”树立英语学习自信的关键环节。对“后进生”的英语阅读教学不能够按照一般教学思路强调从最基础的词汇量、句法水平等方面抓起，而应该首先想办法减少或消除他们对英语学习的负面心理。大部分“后进生”都认为自己对英语阅读完全没有信心。说明这个水平的学生最主要的问题是在过去的英语学习过程中由于教师、方法、个人或其他原因，对英语学习的自信心曾经严重受挫，久而久之积累了一种挥之不去的“自我否定”的英语学习心理暗示，学习兴趣低下，一直重复在记单词、学句法的基础层面，但由于学习方法不得当，学习内容过于分散，成绩迟迟不能提高，或者急于求成采用题海战术，屡败屡挫，更加重了对英语阅读学习的否定和排斥，陷入了恶性循环之中。其实此类学生在阅读程序和答题策略等方面问题更为突出，只是因为他们多年以来的学习习惯和负面的心理让他们根本意识不到自己英语阅读中真正的问题所在，更不知从什么地方着手解决自己的问题。

（一）指导学生通过关键词的复现规律把握文章主题

面对该水平的学生，一般首先介绍较为宏观的阅读策略，通过浏览文章前两段（不用看完全文，给学生减少阅读压力）统计查找复现率最高的2~3个关键词，从而很快确定一篇文章的主题，然后带着学生连续演练数篇文章验证方法的有效性，一方面增强学生的自信心，至少改变了他们以前对自己英语学习的看法（认为自己词汇量小、句法水平薄弱、大学英语四级都通过不了）；另一方面，课堂训练巩固了对英语阅读文章抓主题的方法和程序，通过支架式教学，让学生在课后也能够模仿训练直至完全掌握，能够独立操作。

（二）指导学生通过语篇标志规律确定文章主旨句

教师应讲解英语阅读语篇标志（通常在第一、二段交界之处表示转折或归纳逻辑的词，如but，so，now等）的规律，让学生快速找到文章中心思想或作者立场态度所在的主旨句，然后带着学生连续演练数篇文章验证方法的有效性。一般而言，学生从开始的怀疑，慢慢地会充满好奇，开始对教师和教学方法产生初步信任，即便所找到的文章主旨句有生词出现或复杂句型，也应引导学生通过第一步确定的文章主题和关键词对文章主旨句加强理解。

（三）通过对学生学习效果的积极评估帮助其得到正面心理暗示

等到学生对文章主旨句理解基本正确，教师应及时地对学生的学习效果进行积极评估。专门选取相对简单一些的考查文章主旨大意的题目让学生完成，并对学生取得的进步进行肯定和鼓励，让学生进一步确立对分层处方教学的信任和对自己未来学习效果的初步信心。

接下来，继续指导学生如何快速确定文章各段中心句的位置。将多年教学经验中归纳的通过英语阅读语篇标志的规律确定段落中心句的策略方法进行讲解，在课堂上进行支架式教学演练，让学生积极体验学习效果。一般而言，这些策略和方法的使用不太涉及具体的词汇量和句法知识。当学生感觉自己竟然可以在英语词汇量不足或句法基础薄弱的情况下可以大致看懂文章的主题，而且能够找到文章主旨和各段中心信息所在的句子，他们会感到英语阅读不再那么恐惧，会开始自觉地接受分层处方教学的具体指导。

（四）具体诊断并补充语言基础知识

在指导学生坚持宏观阅读训练的同时，教师应根据学生个人具体情况进一步诊断，从而确定对其进行词汇记忆方法或英语句法方面的教学指导，但一开始要严格控制语言基础知识的学习任务量，分批少量布置词汇（一天不超过20个生词），要求只要达到在文章中见面认识即可，不要求一定掌握单词的发音和拼写，从而降低“后进生”的学习压力，尽量避免其又走回头路，然后重点强调要不断复习才能巩固记忆效果；句法知识每周只补充1~2个基础句型，在一周内要求学生把同一类的句型的不同例句（选自学生手头的阅读材料里中等难度及以下的句型）反复解析翻译，以形成对此类句法解析理解的经验图式，在自己独立解决未来阅读文章中出现类似句型时自觉发生正迁移。

第三节　新时期高校英语阅读分层处方教学的实施策略

一、自觉接纳分层处方教学的理念

新时期的高校英语阅读分层处方教学是建立在尊重每一位学生和学生个体差异的客观事实基础上，追求学生共同进步和全面发展的一种教学理念，从本质上讲，其体现的是一种“以人为本”的教育理念。处方教学在对待全体学生关系上，强调生命的独特性，尊重每一个学生，尤其要尊重学业成绩落后、心存自卑的学生，强调教师要具备人道主义情怀，对学生由衷的关爱，不仅要尊重学生的个性，更要注重塑造学生的个性，应该对每个学生的未来与发展充满期待和信心，这才是有着“教育之魂”的教学理念，也是每位教师应该心向往之的教学价值与理念的终极追求。人的任何社会实践都是意识先行，内心真正认可和接受的理念才会自觉自愿地去尝试、实践和推行。教师的教学理念是教师个人在教学实践过程中，通过内因与外因的相互作用，加上合理的反思逐渐形成的。教师首先要从内心认可和接纳英语阅读分层处方教学的教学理念和其背后的价值追求，才能在自己的教学活动过程中有意识的、自觉的、合理有效或批判性的践行分层处方教学，从而加强自身专业发展的意识，不断提升专业发展水平。因此，自觉接纳分层处方教学的理念是具体实施这一教学方法的信念引领。

二、合理进行教学分层与教学诊断

（一）合理进行教学分层

教师在进行高校英语阅读分层处方教学时首先要对学生进行合理的分层，

这就必须考虑学生的初始水平，即学习者在进行新的英语阅读内容学习前已经具备的知识技能基础，以及对相关学习内容的认识与态度。学生英语阅读的初始水平与教学目标规定所要达到的水平之间的差距就是学生的学习需要。另外，教师要对教学目标进行分层。.

教学目标是指教育者对学习者在接受一段时间的教学活动后，所应达到的学习程度和能力水平的预测和判断。教学目标分层旨在承认学生之间存在差距的情况下，针对不同层次学生在阅读水平上的差异，对其设立相应的在教学过程中所要达到的学习目标，从而有针对性地开展教学，使各个层次学生的阅读能力在其原有水平上均达到提高。教学目标的设立应充分考虑到学生的实际阅读能力，目标既不能好高骛远，也不能在学生的现有阅读能力内，既要对学生形成一定的挑战，又是学生经过努力可以实现的，因此目标应设在各层次学生的最近发展区内，从而使学生“跳一跳”，实现能力的提升。

（二）合理进行教学诊断

教师要根据学生英语阅读的初始水平（建议用大学英语四六级等信度与效度均得到广泛认可的考试试卷中阅读部分的测试题目）对全班学生进行检测，如有必要可连续进行三次以上相同难度水平的测试，以确保测试的信度，从而对学生的分层做到尽量客观合理。另外，由于不同学生英语阅读起始水平存在差异，虽然全班教学目标水平要一致，但是在教学实践中只能是一种理想的状况，在教学现实中，学生的学习需要一定是存在差异的。因此教师要通过设计调查问卷、深度访谈、有声思维等方式关注和了解学生的个体差异、个性特征、学习特点、学习风格，如语言水平、动机、态度、文化背景、焦虑感程度、自尊心等，对其英语阅读水平和现存主要问题进行较为科学与合理诊断。总之，对学生进行合理的教学分层与教学诊断是高校英语阅读分层处方教学的必要条件。

三、实施针对性教学处方指导学习

教师在对学生进行合理的教学分层与教学诊断后，实施针对性教学处方指导学生学习就有了较为充分的依据。具体的教学处方主要分两个部分：

一是根据初始水平和英语阅读教学的不同阶段，对每个水平层的学生阅读出现的共性问题在课堂上集中讲解，相当于开设“调理性处方”，给学生提供学习目标、学习策略、学习资料等方面的指导，一般遵循“隐性分层”（不会将学生明确分组、分班、分别讲授等）、从宏观到具体、从低水平到高水平的教学原则和教授顺序，尊重学生隐私与自尊，促进学生共同进步。

二是在课后针对每个水平层不同学生各自的具体问题再给予“针对性处方”，教师要清楚地了解学生语言知识、文化背景、阅读策略等哪方面出了问题和具体出了什么问题，然后再根据每个学生的学习风格来呈现学习内容、确定学习环境、选择教学策略，只有这样才能促进学生的有效学习。

从教的层次而言，高校英语阅读分层处方教学是一种立足于最近发展区的教学。教师要成功实施针对性教学处方指导学生学习，必须要设法搞清楚哪些教学内容是属于现有发展区的问题，属于学生完全可以通过独立学习而掌握的内容；哪些教学内容是属于最近发展区的问题，是需要教师指导或同伴互助才能掌握的内容。尤其要强调的是，教师对学生学习策略指导的主要目标是要改变学生对自己学习能力的看法和态度，让他们明白英语阅读学习不够理想的原因并不是用功不够或学习能力差，而主要是缺乏有效的学习方法与策略。

在教学实践中，教师需要向学生解释英语阅读策略并说明运用该策略进行阅读的益处和预期效果；接着教师要给学生详细演示阅读策略运用的过程，让学生模仿并提出策略运用的反馈意见；教师要不断提醒和鼓励学生在课堂和课后阅读训练中使用所学策略，并及时给予他们正向评价和鼓励，让学生体会学习进步的喜悦和成就感，激发学生的学习动机，调动他们的学习积极性，引导他们主动参与和全身心投入到学习活动中；此外，教师要对学生有充分的信任和期望，具体体现在针对学生具体学习问题，课堂讲授之后要留一定难度的学习任务让其独立完成以促进每个学生的发展；同时，教师要给学生一定的学习自主权，让他们充分挖掘和展现自己的学习潜能；最后，教师要帮助学生总结英语阅读策略学习经验，培养他们元认知学习策略，提高学生对本人学习风格、学习方法和学习任务的敏感性，帮助学生学会对自己的学习进行反思，指导他们针对自身特点确立学习目标、制定学习计划，选择适合自己的方法学习，最终达到自我“诊断”、自我“处方”、自主学习的良性循环的教学效果。显然，教师根据学生英语阅读水平和具体呈现问题，实施针对性的教学指导是高校英语阅读分层处方教学的灵魂与精髓。

四、积极建立互信和谐的师生关系

师生关系不仅是教学活动开展的重要前提，同时也是制约教学效果的重要因素之一。师生关系状况直接影响课堂教学气氛，影响教师教与学生学的积极性，从而对教学效果产生重要影响。高校英语阅读分层处方教学得以顺利开展的前提即是师生之间互信和谐的关系。一方面，教师只有在取得学生的高度认可和信任的情况下，才能真正走进学生内心，倾听他们学习英语的切身感受，对学生的英语阅读学习水平有一个较为全面的研判，客观分析学生英语阅读主要问题产生的根本原因，从而给学生提供针对性强、效果显著的教学“处方”；另一方面，学生只有在对教师及其教学方法产生信任的情况下才会积极主动、全面落实教学“处方”的各项具体指导建议，充分发挥学习活动中的主体性，更好更快地提升学习效果。教师要主动地在教学实践中去构建互信和谐的师生关系。

在教学过程中，教师要主动关心、爱护、信任和尊重学生，不仅就英语阅读学习，还可以就个人成长经历、大学生活、时事热点等话题与他们进行坦诚、平等、友好和有效的交流，逐渐与他们建立亲密的友谊，形成互信和谐的关系。这种良好的师生关系一旦构建成功，在教学过程中教师和学生两者的主动性会得到充分发挥，课堂气氛积极融洽，教和学都会变成轻松和愉悦的过程。只有这样，高校英语阅读分层处方教学才能有效实施。

五、加强教学理性反思与自觉实践

教学反思一直以来是教师在教学实践过程中提高个人业务水平的一种有效手段。高校英语阅读分层处方教学作为一种有效教学视野下探索性的教学实践与研究，更要求教师要对自己的教学理念、教学方法和教学实践进行持续、积极、自觉和深入的再思考和再认识，总结教学经验教训，从而进一步提高自身教育教学水平。具体而言，教师要善于在教学过程中，针对不同英语阅读水平层面、不同特点的学生评估与分层依据、学生个体学习问题的“诊断”与“处方”的适应性和有效性，以及具体个案呈现出的规律性和特殊性要加强教学理性反思并进行自觉实践，积累和优化“分层”“诊断”“处方”等方面的经验图式，不断完善和提升自己的英语阅读教学水平。通过对高校英语阅读分层处方教学实践进行理性反思和自觉实践，不仅可以深化教师对教学的理性认识，进行合理性地批判、思考、分析，追寻其背后的理论支撑和教育价值取向，还有利于教师真正走进学生、了解学生、从学生中来到学生中去。只有这样，教师才能真正认识、理解教学存在的问题，思考教学实践的重要性，真正明确并自觉承担起教书育人的专业责任和教育职责。由此可见，加强教学理性反思与自觉实践是有效实施高校英语阅读分层处方教学的动力源泉。

第八章　新时期高校英语阅读的信息化教学模式研究

信息化教学方法的研究与运用，其根本目的是提高教学质量。新时期，高校英语阅读教学的信息化模式以形式多样、内容丰富、繁多的优势促进了学生阅读能力的提高，切实增强了英语阅读教学的实效性。本章即对信息化背景下基于翻转课堂、微课、慕课以及其他移动学习平台的英语阅读教学进行研究。

第一节　新时期基于翻转课堂的英语阅读教学

一、翻转课堂的内涵与特点

（一）翻转课堂的内涵

“翻转课堂”（Flipped Classroom or Inverted Classroom）是相对于传统的课堂上讲授知识、课后完成作业的教学模式而言的。它是指学生在课前观看教师事先录制好的或是从网上下载的教学微视频以及拓展学习材料，而课堂时间则用来解答学生的问题、纠正学生的作业，帮助学生进一步掌握和运用所学知识。传统教学过程通常包括知识传授和知识内化两个阶段。知识传授是通过教师在课堂中的讲授完成，知识内化则需要学生在课后通过作业、操作或者实践来完成。而在翻转课堂上，这种形式受到了颠覆，知识传授通过信息技术的辅助在课前完成，知识内化则是在课堂中经教师的帮助与同学的协助来完成。

因此，所谓翻转课堂，就是教师创建教学视频，学生依靠在课外观看视频中教师的讲解进行学习，然后回到课堂上与教师和同学面对面交流并完成作业的教学形态。

（二）翻转课堂的特点

在教学方式上，翻转课堂变传统的讲述式教学为互动式教学，在翻转课堂教学模式实施过程中充分融入了互动教学理念，在课前准备时期互动式教学理念就得到体现，教师通过网络互动平台及时掌握学生学习的动态，在互动交流中实现知识的传授。在课堂学习中，教师通过答疑解惑、分组探究、协作学习等方式开展互动教学。

从教学环节来看，翻转课堂完全不同于以往的教学模式，因为它不仅改变了单纯由教师课堂讲授、学生课后练习的陈旧方式，还使教师回到指引者的位置，强化了学生的自主学习能力和习惯，促进了师生的互动交流与合作探究。

从师生角色来看，翻转课堂使教师由过去的主导者转变为引导者和组织者，学生由过去的被动参与者转变为主动学习者，如此一来，一方面有利于教师清楚地掌握学生的学习情况，从而可以更有针对性地传播知识，另一方面也有利于学生增强学习积极性，合理安排学习时间，科学制定学习计划。

从教学资源来看，传统课堂使用的教学资源较多，主要有多媒体课件、教具、教案、教材和讲义等，而翻转课堂的主要教学资源是微视频，这种视频时间较短，通常为 10 多分钟；主题较固定，针对性较强；发布简单，观看方便，易于保存、分享。因此，学生可以自行搜索、学习微视频的内容，并控制观看视频的速度和时间，真正实现自主学习。

从教学环境来看，传统课堂对教学环境的要求较低，配置基本的多媒体设备即可，而翻转课堂对网络设施、设备的要求比较高，同时需要配备完善的学习管理系统，以便教师能够上传、存放不同种类的教学资源，开展必要的在线检测，登记好教学进度和学生们的学习情况，并及时加强师生互动交流，促进彼此了解，增进师生关系，促进教学实施和进程。

从教学信息来看，明确精准，集中性强。在缺少外在的约束和监督的情况下，学生的注意力很容易被一些其他的东西所干扰。为解决这个问题，翻转课堂采取了与传统教学录像不同的方式，就是在视频中看不到教师的形象，也没有其他会分散学生注意力的物品。学生只能在视频中看到教师书写教学内容和符号的手，听到教师讲课的声音。所有的教学信息能够集中精准、清晰明确地展现在整个视频屏幕中。不仅可以有效地解决学生在自主学习过程中注意力分散的问题，精准地传递教学信息和内容，还能够缓解学生上课的压力，营造更加轻松的上课环境。

从教学效果来看，检测便捷，即时性强。检测和考核是测量教师教学效果和学生知识掌握的有效方式。翻转课堂可以在课程结束后立即进行教学效果的检测。在每个教学视频的最后，教师都会设计若干小问题，即时检测学生对所学知识的掌握和理解情况，帮助学生发现学习的问题，并对自己的学习情况做出基本的认识和判断，引导学生进行自主的思考，并及时地记下自己的问题和疑问。对于学生的问答情况，教师可以进行及时的汇总，通过数据分析和总结，发现教学过程中的重难点，改进教学方法。而学生还可以在学习之后的一段时间内，反复不断地对薄弱知识点进行复习和巩固，而学习系统也会对学生每次学习过后的问答情况进行跟踪，分析和评价学生的学习效果。既有利于学生了解自身的学习情况，也有利于教师做出针对性地教学调整和改进。

二、新时期翻转课堂应用于英语阅读教学中的优势

（一）提高学生的阅读兴趣

在翻转课堂教学模式中，教师课前根据教材文本制作内容丰富的教学视频。学生观看精彩的教学视频能够激发他们对英语阅读的兴趣；同时，在轻松自由的学习状态下他们对英语阅读的兴趣也会迅速提升。他们不再被动地接受教师所布置的阅读任务，而是主动去寻找自己感兴趣的阅读材料进行课外阅读。

（二）发展学生的语言能力

在翻转课堂教学模式下，学生的阅读兴趣提高了，他们的阅读量相比之前也会有所增加。大量的阅读对于学生阅读速度的提高和阅读能力的提升起着重要的作用，而且阅读所带给学生的不仅仅是阅读本身，它对学生语言综合能力方面的发展也有很大帮助。

（三）实现学生个性化学习

基于翻转课堂，每位学生都可以课下自由地根据自己的学习进度来学习英语阅读教学视频，在遇到疑惑或者不懂的问题的时候可反复观看教师的教学视频，而不像在传统的课堂上那样紧张，稍微分心就会跟不上教师的讲解节奏。同时，在课堂上针对学习问题的讨论可以使每位学生在学习中所遇到的问题都能得到解决，真正实现学生的个性化学习。

（四）培养创新合作的能力

随着网络时代的到来，媒介融合与网络多元的趋势日益明显，社会对人才的需求更加强烈也更为苛刻，不仅要求人才具备专业的从业技能，更要兼具较

高的职业素养与创新合作意识，而英语阅读则是培养创新与合作意识人才的途径之一。传统的课堂教学教师控制整个课堂，由教师提出问题并引导学生解决问题，学生在教师的指引下开展阅读训练，而翻转课堂模式则不同，因为教师地位的弱化，学生可以自主掌控自己的学习过程，在自主参与英语阅读的过程中发现自己的知识薄弱点和阅读盲点，针对既存的疑难问题思考如何解决问题，探寻解决问题的有效策略，而这一过程本身就是学生自主意识培养的过程。翻转课堂还为学生提供了交流与探讨的平台，借助翻转课堂这个平台，基础扎实的学生可以指导基础薄弱的学生，同一学习层次的学生可以就某项阅读疑难问题进行探讨交流，各抒己见，学生在合作交流与互帮互助的过程中增进了情感并提升了自己的合作创新意识。

三、新时期基于翻转课堂的英语阅读教学设计原则

任何一种教学方法和途径都会有自己的教学原则，翻转课堂作为一种新型教学模式，与传统课堂相比有着不同的特征，因此，对于翻转课堂模式下的英语阅读教学设计也会有不同的原则，要想每一节阅读课都在实际课堂中取得好的教学效果，教师应提前对其进行有效合理的设计。

（一）主体性原则

所谓主体性原则就是强调并坚持主体在活动中的地位与作用。翻转课堂颠覆了传统的教学模式，使教师和学生的角色和地位发生了质的变化，教师不再是课堂的主导者，而是学生学习的辅助者与指导者，学生由被动接受知识变成了学习的能动者，主动建构知识。因此，在翻转课堂模式下的英语阅读教学设计中，应当以学生为中心，视学生为认知的主体，教师只对学生的意义上的建构起引导和促进作用。

（二）针对性原则

翻转课堂模式下的英语阅读教学设计分为课前教学设计和课堂教学设计，课前设计教师是根据文本的重难点制作教学视频和针对性练习，而课堂设计教师则是根据学生课前自学情况设计讨论问题，因此这些教学设计都必须具有针对性，教师要针对不同教学内容，学生水平的差异性设计不同的教学活动。

针对性是有效教学的法宝，只有针对性的教学设计才能实现由教向学的转化，最终达到教师少教、学生多学，实现“教是为了不教”的目的。

（三）探究性原则

所谓探究性原则就是使得学生能够由一种好奇心理驱动、以所要解决的问题为基础，利用所学和将要学习的知识来投入到内容丰富的学习中去。翻转课堂模式下的英语阅读教学是以问题为导向的教学，学生根据教师所设置的问题进行讨论交流，教师所设置问题应具有探究价值意义，使得每个学生都积极参与到课堂讨论之中。

（四）互动性原则

翻转课堂教学模式要求学生在课前自学，在课堂上进行讨论交流，那么在课堂上的有效交流与互动对于学生的学习质量来说是至关重要的。课堂交流互动是指在课堂上，教师用语言或非言语信息激发一个或多个学生思想，使教师与学生之间、学生与学生之间发生相互作用的过程。在翻转课堂模式下的英语阅读教学设计中，教师应对课堂上的交流互动有准确的定位，并重视课堂交流的质量，从而确保课堂交流互动的有效性。

（五）导向性原则

心理学家布鲁纳曾说过："知识的获得是一个主动的过程，学习者不是信息的被动接受者，而是知识获取过程的主动参与者"①。他的这一观点再次验证了英语中的一句谚语"You may take a horse to the water, but you can not make him drink."作为教师，在教学中应注意探索英语教学方法，注重学习方法的传授和心理方面的引导，让学生终身受益，成为具有终身学习能力的学习者。因此，在翻转课堂模式下的英语阅读教学设计中，教师应强调"授人以渔"而不是简单的"授人以鱼"，尽可能为学生提供自主学习和探究学习的情境，帮助他们在自主学习活动中真正地理解和掌握基本知识和技能和方法，让其学会独立思考，学生只有在掌握了适合自己的学习方法后才能在有限的时间内用科学的方法获取更多的知识。

四、新时期基于翻转课堂的英语阅读教学设计的具体内容

（一）课前教学设计

首先，英语教师要选择合适的阅读资料。在以往的英语阅读教学中，很多

① 黄高荣，余慧芳．现代心理学研究［M］．北京：研究出版社，2007：46.

学生认为课本内容太过时、太枯燥，无法激发他们的阅读积极性和阅读兴趣，所以英语教师所选材料要与时俱进并具有趣味性。同时要注意篇幅不宜过长，因为翻转课堂模式在英语阅读课上应用的关键是让学生在课堂上深度阅读，过长的文章会影响课堂阅读效果和各种活动的展开。其次，教师根据所选材料制作成教学视频。根据讲解内容的多少，可以制作一个或多个视频，每个视频一般在 10 分钟左右为宜。这些视频包括以下内容：阅读的目的和要求以及要掌握的重点；生词和短语的用法讲解、相关的重点语法知识讲解、难句的意思以及文章的结构分析；阅读的方法和技巧介绍。通过观看教学视频，学生能基本解决语言问题并对阅读材料的内容和结构有一定的了解。

学生完成资料阅读并观看视频，理解视频中的内容和要求并进行整理和分析，对自己感兴趣的部分重点学习。对于无法理解的内容，可以通过自主学习平台或者借助其他通信工具与同学讨论交流，也可以把问题带到课堂上向教师求助。学生在课前活动中基本能完成教师布置的任务。

（二）课中教学设计

字面层次和评断层次是阅读理解的两个层次，通过课前阅读和观看视频，许多学生理解的内容只停留在字面层次，即学生通过对英语词汇的功能和句子结构的正确辨识，接受文字的基本信息，经过思维在头脑中逐步形成既定概念。

而阅读的目的是要达到高级的评断层次，即包含多项信息收集和反馈活动，其中相关信息的搜集、评论、分析和辨错占主导地位。要达到这个层次，学生必须在课上进行深度阅读，并进行认真讨论分析。例如，教师可以让学生边读边写或者先读后写。学生通过课前的略读和观看视频已经基本解决了语言问题，所以教师可以在课堂上让学生边细读边写或者读完以后写，写的内容要有助于学生弄清语篇意义和提高阅读技能。例如，找出重要的细节及其与文章主题的联系，文章的重要情节以及人物之间的关系等。

教师可以让学生仔细研读。仔细研读是培养学生高阶思维技能的途径之一。刚开始时，教师组织学生集体进行研读，采用示范研读的模式。在读完一个片段之后，教师可以让学生讨论主题、词语和文章结构，也可以让他们把所读的内容与自己的生活密切联系，与之前学过的内容相联系，或者与课堂上讨论过的内容相联系。接着，教师组织学生对阅读内容进行评论和分析，教师对最佳的评论进行点评，以此让学生弄清什么样的评论是更有价值的。这些活动都要在课堂上完成，以便学生得到及时反馈。通过示范，学生可以更独立地仔细研读。在研读的基础上，教师可以组织学生进行合作式研读。学生们可以根据最喜欢的片段进行分组并开展研读，然后他们再与其他组的同学进行交流，对其他组同学的评论展开讨论。

（三）课后总结与巩固

在一堂阅读课结束后，教师要对学生在课堂上遇到的问题进行及时总结和归纳，并通过网络学习平台等及时给予学生反馈，指出学生在阅读方面的不足以及需要改进的地方。学生则根据教师给出的意见或建议巩固课堂所学的内容，并反思学习过程，使英语阅读能力得到真正提高。

第二节　新时期基于微课的英语阅读教学

一、微课的定义及其基本类型

（一）微课的定义

“微课”是“微型视频网络课程”的简称，于20世纪末在世界范围内兴起。美国新墨西哥州圣胡安学院最早将微课的概念应用到教学领域，并把微课程称为“知识脉冲”，教学目标与教学内容的密切结合是其核心理念。这种“知识脉冲”能够使学习者产生“更为聚焦的学习体验”。微课教学主要以在线学习或移动学习为目标，并突出重要概念，根据资源以建构自身的知识。从20世纪开始，新加坡开始进行“微课”研究，他们把微课界定为一种运用计算机通信技术以达到特定目标的微教学材料，其最具特色的一环就是将新兴高科技技术与传统的课堂教材相结合，突出关键点，创设一种轻松、快乐、有意义的学习环境。

微课是以教学视频为主要呈现方式，围绕学科知识点、例题习题、疑难问题、实验操作等进行的教学过程及相关资源的有机结合体。广义上，微课指围绕某个课题或知识点而展开的、利用碎片化的教学资源、以短小精悍的在线视频为形式的解说或演示；狭义上，微课指为满足学习者的个性化学习需求，依据课程标准，以微视频为主要载体，有明确的教学目标，针对某个学科知识点或教学环节，经过精心的信息化教学设计，开展的简短、完整的教学活动。[①] 微课不等于微课程，简单说，课程的概念大于课；微课不等于微视频、微课件，

① 郭彩凤．翻转课堂与微课［M］．北京：中国轻工业出版社，2016：9.

因为微课由多种资源组成，微视频和微课件只是其中的一部分。

（二）微课的基本类型

1. 按课堂教学方法划分

教学方法是指在课堂教学中，教师和学生为了实现共同的教学目标，完成共同的教学任务所采用的手段与方式的总称。根据教学活动中常用的教学方法的分类总结，以及为了使一线教师更加容易理解微课的分类方法，初步将微课划分为11类，即讲授类、问答类、启发类、讨论类、演示类、练习类、实验类、表演类、自主学习类、合作学习类、探究学习类。在此分类中，值得注意的是，一节微课作品可以对应某一种微课类型，也可以同时对应两种或两种以上的微课组合，比如，提问讲授类与合作探究类，其分类不是唯一的，应保留一定的开放性。同时，微课的类型也随着教育教学理论的发展和教学方法、手段的创新而变化，需要教师在教育实践中发展、完善。

2. 按课堂教学主要环节（进程）划分

按此分类法，微课的类型可以划分为课前复习类、新课导入类、知识理解类、练习巩固类、小结拓展类。其他与教育教学活动相关的微课类型，还包括说课类、班会课类、实践课类、活动类等。

3. 按制作方式和文件格式划分

按照微课的制作方法和文件类型，将微课分为拍摄型、录屏型、动画型、改良型和幻灯片型等几种类型。

二、新时期微课应用于英语阅读教学中的价值

（一）激活学生的能动性

微课将海量教学信息进行提炼、浓缩，确保呈现给学生的内容都有明确的指向性和关联性，能引导学生主动求知。在高校英语阅读教学中引进微课，可以将枯燥的词汇和句型分析、语法规则讲解、段落大意归纳等任务融入视频中，用动态的感官体验来增加学习的趣味性，让学生能直观地感受到英语的魅力。微课能在智能手机、平板、电脑等移动端进行，学生可以在寝室、图书馆，甚至操场等任意地点播放视频并进行学习。微课以突破时空局限的优势让学生根据自己的需求和实际情况合理安排学习时间，不懂的内容可以在线上提问，开放的问答平台可以增进师生互动，培育和谐的师生关系。通过开展微课英语阅读教学，学生能摆脱学习的被动局面，在相对自由的环境中学习、思考和自测，

重新寻回对知识的渴望，从而激活能动性，增强自主学习的能力。

（二）优化课堂教学

高校的英语课通常是采取各学院混合上课的方式。因此，一个班级内学生的英语基础、学习习惯、学习能力往往大相径庭，这容易阻碍教学计划的实施。教师在英语阅读教学中实施微课模式，可以将新课中的重要知识点做成视频课件提前放到平台上，让学生自行阅读、揣摩，掌握其中的阅读规律和答题技巧，从而让学生在脑海中搭建思维框架图。学生可以利用自己的课余时间查漏补缺，积累自己的学习经验。基础薄弱的学生可以通过付出更多的精力来缩小与成绩优秀者的差距，能以充足的前期准备来提高课堂学习效率。微课能收集、整合、共享优质阅读教学资源，让学生在真实的教学情景中接触典型、新颖的案例，了解知识背后的历史文化语境，拓宽学生的知识面。学生借助微课平台制定适合自己的学习方案，能有效化解学习障碍。微课充分体现了课堂教学的育人功能。

（三）推进学科交流研讨

微课开发是系统性工程，需要学校、教育机构和教育工作者合作，才能保障其质量。以开放、共享为基本理念的微课应用于高校英语阅读教学中，有利于高效整合区域内丰富的教学资源，在教研员的统一规划下确立各年级的英语阅读知识点谱系，防止出现各高校乱开发、乱应用的情况。高校利用微课库组织英语教师集体学习、评课、反馈，能促进英语学科的学术研讨。同时，在不同学校间开辟交流渠道，可以推动各高校的经典英语阅读素材、课件和其他配套材料集中展播，构建高校英语阅读教学的良性竞争网络。基于微课的高校英语阅读教学立足校本、面向全国，有助于设立高校英语区域网上教研新体系。

三、新时期基于微课的英语阅读教学策略

（一）设计创意微课课件

微课课件的质量决定着微课教学的成败。高校应设立英语阅读教学微课资源开发组，集中开发微课阅读教学资源，以实用性和创新性兼具的课件吸引学生。英语教师要遵循微课简洁精练的设计原则，以阅读文章为单位，提取其中的难点词汇和句型、典型语法进行讲解，由点及面，先从词汇释义着手，再分析句型和段落大意，最后翻译全部语篇，以清晰的逻辑凸显课件主题。在课件

内容的选择上，英语教师可以将经典的英文诗歌、英语电影片段节选、英语小说片段节选等作为课例。这类文章有故事情节，艺术韵味深厚，是良好的阅读素材。学生可以在习得知识的同时接受文化的陶冶。教师可以建立 QQ 群、微信交流群，定期将这类创意课件分享给学生，鼓励学生在学习后匿名留言，提出改进意见，强化微课阅读教学的互动性。

（二）重视微课制作培训

要实现微课与高校英语阅读课程的深度融合，各高校应提高英语教师队伍的微课设计和制作水平，使得教师能合理利用各种软件制作精良的课件。高校应重视开展技术培训，邀请权威的高等教育和微课制作者到学校考察和指导，组织英语教师集体观摩、学习。高校还可以定期请计算机学院的教师举办微课制作培训活动，介绍微课的制作流程和相关软件的安装使用，现场演示微课的录制和后期制作，全面提升英语教师运用信息技术开展教学的技能。此外，高校应为推广微课教学提供政策和资金支持，如报销教师的微课录制费、对制作并分享微课课件的教师进行奖励等。高校还可举办英语阅读微课征集活动，鼓励教师报名，收集全校范围不同类型的微课，如词汇速记型、文章翻译型、文化体验型等。学校在公开公正的原则下对作品进行投票评审，选出票数最高的微课，对相关制作者颁发证书，以此来提高教师在英语阅读教学中制作和应用微课的积极性。

（三）实行动态生本管理

微课具有以小见大、见微知著的作用。高校英语阅读教学中应用微课时应设置科学的反馈制度，以学生自评、教师评价和生生互评来保证评价结果的客观性。要让学生习惯在微课平台上学习，教师就要坚持生本意识，尊重学生的个性需求和参与热情，开发人性化的操作界面和功能模块。英语教师应根据阅读理解内容，增加相关的文化背景知识介绍和互动环节，将文章中的生词进行合理衍生，用词汇的不同时态造句并请学生回答问题。教师在微课平台上设置"名言警句""风土人情""时事新闻"等模块，向学生介绍英语国家的俗语、名言、旅游资源、民俗文化、国际事件等。其目的是增加学生的知识储备，培养有利于阅读理解的素质与能力。教师还可以用积分的方式评估学生的学习情况。学生每日登陆、完成线上考试、解答其他学生的提问、完成教师布置的任务都可以算入积分。教师可将积分纳入学生的期末考核，实现柔性动态管理。

第三节　新时期基于慕课的英语阅读教学

一、慕课的概念与特点

（一）慕课的概念

慕课（MOOC，Massive Open Online Course），即大规模在线开放课程，是指通过互联网面向所有人开放的一种网络教学课程。相比视频公开课等其他在线教育模式，慕课有着三方面优势：一是严格规定的上课时间，慕课课程规定有严格的学习时间，课程上传完成后，学习者必须准时完成章节学习及其配套的作业、考试和互评等；二是精心准备的教学资源，与视频公开课直接摄制教学场景不同，慕课课程教学资源包括在线视频和配套资源成体系建设，需要专门精心准备；三是正式的考评认证机制，与其他网络教育模式不同，慕课课程的考评机制比较正规，因此可为学习者提供学习成果的相关认证，在院校、企事业单位等具有很高的认可度。

（二）慕课的特点

慕课在线网络开放平台面向全球，各个国家、各个阶层的广大社会公众都可以免费参与，且作为新型的在线网络教育平台，慕课突破了传统教育传播在空间和时间上的限制，可以实现自主的移动化学习。慕课的特点具体如下。

1. 大规模

慕课在线网络教育平台具有大规模的特点，主要体现在参与课程学习的学生数量多、平台数据量巨大，加入慕课的高等院校众多、参与课程教学的教师团队多和可供选择的网络课程众多。众所周知，传统的课堂教学由于教学场地和空间限制，对参与的人数有一定的要求，但是慕课在线网络课堂的学习者在人数上是没有限制的，全球各个国家、各个阶层的人们只要想学习，在慕课在线网络平台注册就可以选课学习。慕课为学习者提供海量的网络课程，覆盖人文、法律、历史、商业管理、工程、社会科学、计算机科学、公共卫生、人工智能、经济与金融及自然科学等，遍及各个学科、各个领域。

2. 开放性

与传统封闭的课堂教学相比，慕课的学习资源非常开放，面向所有人，不设置限定用户，只需注册慕课网络在线教育平台的账号就可以获取海量的学习资源，自主选择学习内容。慕课平台的入学门槛低，只需要具备上网条件，就可以实现免费、优质、海量课程的在线学习，对学习者的身份没有任何条件限制，也没有类似高等教育考试的筛选机制，学习地点不受限制，学习时间自由调配。慕课优质的教学资源向有学习诉求的广大学子免费开放，慕课打破了高校的“围墙”，使得高校教育资源不再设限，这使得终身学习成为一种可能。慕课平台的学习者不仅可以作为知识的消费者，也可以作为知识的生产者，在消化、吸收知识的基础上整理、创新、分享知识，从而实现开放学习资源的动态式发展。

3. 自主性

慕课网络课程学习的全流程在网上在线完成，课程运作模式是提前录制讲课视频，然后上传至网络平台供学习者观看学习，而学习者必须通过网络进行在线学习。学习者的网络在线学习具有很强的自主性，学习的时间和地点不受限制，只要具备一台电脑和顺畅的网络即可，突破了传统课程教学的时空限制和约束，实现随时随地的学习，满足了更多学习者的个性化需求，有利于激发学习者学习的自主性，提高学习效率。

4. 互动性

慕课在线网络课堂教学的互动性是区别于传统课堂和以往网络教学的又一特色，也深受广大学习者的喜爱。慕课具有很多可供利用的线上交互工具，如网络问答社区、留言板等，学习者不仅可以与教师针对课程问题进行沟通，还可以一起分享观点、交流思想、参与论坛讨论。此外，慕课与传统课堂的不同之处还在于慕课的微课程，仅仅 10 分钟左右的短视频，就可以充分抓住学习者的注意力，使其学习的效率更高。

二、新时期基于慕课的英语阅读教学实施过程

（一）课前阶段

课前，英语教师首先需要对慕课教学资源进行分析，提高自身搜索、筛选以及制作慕课资源的能力，同时对教学内容以及学生的英语阅读能力进行综合分析，设定好教学的知识、能力与情感目标，有意识的完成课前预习资源选择。随后，可为学生列出学习任务清单，应包括词汇、能力以及情感目标，并为学生设定好任务流程，并做好测试题目的设计。然后，可将任务清单传送给学生，让学生在宿舍或图书馆利用电脑完成任务。在首次实施时，考虑到学生还未养

成以慕课进行阅读学习的习惯，可利用校内计算机室进行教学，待学生适应流程后可让学生自行完成任务。同时需叮嘱学生在阅读过程中，记录好自身不懂的问题，并学会如何快速记笔记，让其在观看完教学视频后及时完成设定习题，以完成对其自学知识的巩固。最后，将不懂的问题以及测试情况反馈给教师，以便于课中教学的有效开展。

（二）课中阶段

课中，英语教师首先需要利用3~5min，对阅读材料所涉及的文化背景进行讲解，以便于学生能够以全新的视角进行阅读，并调动其积极性。可自制PPT，也可利用慕课中资源，以多媒体的形式展现。然后，指导学生对文章内容进行阅读，并做好讲解工作。讲解的重点应该结合课前学生的反馈情况，讲解完成后则应该及时设置学习任务，以实现对学生掌握知识点的进一步巩固，起到查漏补缺的作用。在学习任务解答时，可采用分组合作学习的方法，将学生分为若干小组，但需要注意组内成员必须具有一定梯度，发挥出各个层次学生的作用。在任务的设置上也应该具体并具有一定难度梯度，同时设置开放性问题，确保学生通过循序渐进地解答提高自身解决问题的能力。在确定任务结果时，可采用抢答、竞赛以及相互评价等方法，激发学生的斗志。在阅读材料的选择上，除了课本上的内容，也可进行拓展阅读，指导学生利用所学到的技巧完成问题解答，以便于在巩固其学习成果的同时，拓宽其视野，进一步培养其英语思维。最后可针对学生问题进行综合讲解，弥补其知识体系的缺陷。

（三）课后阶段

课后，英语教师应该根据学习清单以及学生课堂上的反馈情况，设置联系题目，组织学生进行互查与自查，后可发下答案，由组织时能够进行统计评分，但在题型设置时，应该做到难易结合，张弛有度，满足不同层次学生的需求。随后可针对习题测评结果，为其制作慕课资源，叮嘱其充分利用好课后时间进行查漏补缺，并利用慕课交流平台与同学、教师交流，进而更好地掌握知识。

（四）教学评价

在对学生进行评价时，可从形成性评价与终结性评价两方面入手，即平时成绩与考试成绩相结合的模式，如平时成绩占比30%，期末测试成绩占比70%，以保障评价的客观性。平时成绩上，可包含课堂表现、慕课资源应用情况、英语阅读水平等，以进一步提高学生对慕课资源与阅读学习过程的重视。

三、新时期慕课在英语阅读教学中应用的优化策略

（一）建立混合型课堂模式

我国高校长期以来采取的都是传统的教学模式，学生的自身素质和客观条件都在一定程度上限制了慕课的应用，因此虽然慕课具有非常明显的优势，但是对于目前高校英语阅读教学来说，也不适合单独使用，而是需要将传统教学和慕课结合起来，建立一种混合型的课堂模式，实现二者的优势互补，从而提高高校英语阅读教学活动的创新性，切实提高英语阅读教学的质量和效率。

（二）优化课程设置

对于大学生来说，由于专业不同、自身的发展规划不同，因此对英语阅读学习的需求也有所不同，所以高校要不断优化英语阅读课程设置，根据本校学生的实际学习需求，设置一些选修课程来满足学生的个性化需求，例如商务英语、医学英语、新闻英语、法律英语、化学英语、食品英语等等，也可以根据教师的特长进行慕课课程的录制，从而提高阅读教学的效果，为学生的长远发展奠定良好的基础。

（三）建立开放式英语阅读课堂

慕课具有高度的开放性，而且近年来慕课在高校英语阅读教学中得到了一定的发展，因此可以充分的利用信息平台建立开放式的英语阅读课堂，积极推进慕课的建设。一方面，学生在进行阅读学习时可以不受时间和空间的限制，还能够自主选择学习材料，充分发挥学习的自主性；另一方面，慕课课程形式和内容更加丰富，能够有效激发学生的阅读兴趣，从而促进学生英语综合能力的提升。除此之外，开放性式的英语课堂还能够拓宽学生的视野，使学生接触到更加国际化的阅读内容。

总而言之，在当今时代下，慕课的出现给高校英语教学带来了新的活力，也为英语阅读教学的改革和发展提供了新的机遇。将慕课应用于英语阅读教学中，能够有效激发学生的学习兴趣和自主学习的意识，提高英语阅读教学质量，但是目前慕课教学模式在我国的应用仍处于初始阶段，因此需要不断探索有效的应用策略，从而为社会培养更多优秀的英语人才。

第四节　新时期基于移动学习平台的英语阅读教学

一、移动学习的概念、理论基础与构成要素

（一）移动学习的概念

对于移动学习的概念应该从以下几个方面来把握。

首先，移动学习是数字化学习的一种发展，是移动通信技术和计算机技术发展到一定阶段的产物，也是知识更新速度不断加快和终身学习的需要所催生出的一种新型学习方式，学习内容与数字化学习基本相同，只是信息、知识和资源的获取方式借助于移动终端，它有别于一般的学习方式。

其次，移动学习除具备了数字化学习的所有特性之外，还有它独一无二的特性，即学习者不再被限制在电脑桌前，可以自由自在、随时随地进行不同目的、不同方式的学习。学习环境是移动的，教师、研究人员、技术人员和学生都是移动的。

最后，从它的实现方式和技术手段来看，移动学习实现的技术基础是移动计算技术和互联网技术，即移动互联技术；实现的工具是小型化的移动计算设备，设备一般必须具有可携带性，即设备形状小、重量轻，便于随身携带；无线性，即设备无须连线；移动性，指使用者在移动中也可以很好地使用。

综合而言，移动学习就是指学习者在非固定或非预先设定的位置或场所中，由于学习需求而产生的利用移动终端设备获取信息、资源和服务的一种新型学习形式和手段。与其他的学习形式相比较，移动学习具有信息资源的个性化、学习便捷性、情境的相关性、学习交互的丰富性等特点。

（二）移动学习的理论基础

1. 非正式学习理论

非正式学习是一种隐含式学习，相对于正式学习而言，主要指在工作、生活、社交等非正式学习时间和地点所接受到新知识的一种学习方式。日常生活中，人们接收的知识80%来源于非正式学习，与生活实践密切相关，并易于应用到实际生活中。非正式学习强调学习的泛在性，非正式学习发生在生活的不同场景中，而非单一的校园环境。正式学习的学习内容一般属于结构性知识，

而非正式学习的学习内容则属于非结构性知识。基于正式学习的性质以及发生的场合等，正式学习内容多由专人精心编排而成，具有结构性、条理性。非正式学习则不受时间、地点的限制，学习内容多由生活中所得。移动学习强调借助移动设备进行随时随地学习，与非正式学习的泛在性相同，两者最大差别在于移动学习需借助移动设备才可实现学习，而非正式学习则不需借助移动设备。因此，移动学习的产生为非正式学习提供了新的学习方式，非正式学习理论也为基于微信等平台的移动学习提供了理论支撑。

2. 联通主义学习理论

联通主义认为学习不是个人活动，而是连接节点和信息源的过程。联通主义学习理论也被称为“数字时代的理论”，是一种在新的时代背景下所产生的学习理论。联通主义学习理论强调学习不再是个人的内化，学习（动态知识）可存在于个人之外——通过网络技术建立数据库。在互联网中，知识被分化为不同的节点，每个学习者都可以在互联网中获得和分享不同的节点知识。每个节点之间相互连接，形成巨大的节点知识网络。学习者在知识不断地连接中，强化原有的知识，由原本的单一信息源形成了巨大的信息网络，形成自我知识库。与建构主义的个人知识内化相比，联通主义更强调利用新的学习工具（互联网）获得迅速改变吸收知识的能力。信息爆炸时代，学习目的不在于知识本身的掌握，而在于学习能力的提升。联通主义强调数字化学习的重要性，学习者需要增强知识的管理和吸收能力，掌握数字化时代下所需要的学习方法，增强自我学习能力。移动学习正是在移动终端设备和通信技术的支持下实现的，而移动学习所要达到的目标正是实现个体对不同节点知识的结构化关联，形成自己的知识网络。

3. 认知学习理论

（1）分布式认知学习理论

分布式认知学习理论认为，知识存在于不同的场所，认知分布于人脑以及外部环境中，特别是在社会和文化的结构、时间中，并强调学习资源的“去中心化”，而学习活动更多是通过个体间的相互作用，以及他们与所有人工制品之间的互动进行的。因此，该理论特别强调交互在学习活动中的重要性。而移动学习能够强化人际交互，推动人与人之间、人与数字化资源之间的有意义的互动和远程协作，因而和分布式认知理论非常契合。

分布式认知不仅与学习主体有关，还涉及其他认知个体、认知对象、认知工具以及认知情境，认为要通过个体与其他个体、人工制品所组成的功能系统的层次来解释认知现象。该理论强调个体、技术工具相互之间为了进行某个活动而发生的交互。

分布式认知理论对移动学习的指导作用主要体现在以下三个方面：一是在移动学习中个体认知过程不仅涉及认知个体与其他个体之间的交互作用，还涉及认知个体与移动设备之间的交互作用。移动设备的使用拓展了人的智能，提供了认知工具和认知资料，从而使学习更有效率。二是在移动学习的认知过程中，认知主体不仅与社会情境相互作用，而且还存在于社会情境中。三是认知活动已经不仅在学习者的大脑内进行，对设备、情境也有一定的依赖性。

（2）情境认知学习理论

20 世纪 90 年代以来，情境认知学习理论成为学习本质研究的重要取向。情境认知理论将学生的学习看作基于情境所获得知识的意义建构过程。学生所获得的知识不是单一独立的内容，而是与具体情境实践相关联，且在实践中不断变化发展。情境认知学习理论重视学习环境对学习者的影响，学习知识的最好方法则是身临其境地感受知识，形成自我对知识意义的构建。因此，在教学中教师应提供真实的情境与活动，使学生自我感知知识，探讨知识背后的意义。对于自然学科知识，情境认知学习理论强调学生走进自然发现学习，而社会科学知识，情境认知学习理论则鼓励学生通过访谈、观察获取知识。首先，情境认知理论强调学习的情境性、互动性以及参与性与移动学习的特点相符，符合移动学习的本质，为移动学习提供了理论指导。其次，移动学习通过各种移动技术将知识呈现方式多样化，能够最大限度地呈现直观形象的知识，帮助学生形成知识意义的建构。同时，移动学习中教学环境不必拘泥于传统课堂教室，教师可在真实情境下通过移动技术设备实现远程指导教学，实现教学情境最大化。因此，移动学习也为情境认知理论学习发展提供了技术支持。

（三）移动学习的构成要素

1. 学习主体

移动学习的学习主体范围非常宽泛，只要是需要进行学习，并具有一定的学习设备如智能手机、平板电脑等，即可在任何地点、任何时间开展移动学习，不论其年龄、性别、学历、职业等。移动学习可以给予想学习的人学习的平等机会。

2. 学习设备

移动学习是在移动设备帮助下开展的学习。那么学习设备必须要符合移动学习的特性，其可以是智能手机、平板电脑、笔记本电脑等。智能手机由于普及性以及随时随地可以上网的特点，成为现在大多数人的首选设备。学习者可以运用智能手机下载学习类的应用程序或者教学音视频，也可以利用手机上的网络功能登录一些网络教育平台进行学习。由于智能手机的超便携性和诸多强大的实用功能，智能手机成为移动学习的主流终端设备。平板电脑也可以上网并下载相关的学习资源，但平板电脑的体积较大，这既是平板电脑的优点也是缺点。优点在于平板电脑屏幕比较大，视觉感受比较好，另外平板电脑的整体性能要优于智能手机，但是缺点在于体积较大，不方便携带。笔记本电脑的功能和性能更加的强大，但由于其体积更大，更不方便携带，因此使用率也不是很高，但是对于某些对学习设备硬件要求较高的移动学习项目，如多人在线视频学习等，或者对于那些需要运行某些特定的大型软件程序的课程，笔记本电脑便无可替代。

3. 学习资源

移动学习的学习资源和传统的学习资源在结构和内容上都有较大的区别。在移动学习环境下，因为学习设备的快速发展，学习者使用的设备越来越丰富，而不同设备对资源的需求不尽相同。因此在设计移动学习资源时，要注意学习资源设计的规范性和自适应性。在学习资源的内容设计上也要注意移动学习的片段化特点，移动学习资源一般是以知识元为核心，把移动学习资源进行分割，按知识元之间的内容，将之连接成一个知识系统。学习资源的设计还要考虑到学习者在进行移动学习时，一般都具有较强的学习动机，移动学习资源的设计要明确、直接、可预览。

4. 学习环境

移动学习环境是指学习者进行移动学习的虚拟环境，移动学习基于互联网环境，使学习突破时间和空间，跨越不同环境开展学习。在学校领域里，移动学习越来越被用作衔接正式学习与非正式学习的手段，通过移动学习设备来支持和连接学习，把课堂内外的校园内外的学习紧密结合在一起。

5. 学习系统

移动学习系统是根据学习目的和学习内容来设计的学习系统。针对不同的学习目的和学习内容有不同模式的学习系统，一个完整的移动学习系统包括对学习者的学习支持、为学习者提供良好学习体验的自适应设计、相关学习消息的推送、支持线上线下操作的学习培训、支持合规性和规范性需求、提供操作性指南。移动学习系统可以分为移动学习用户端和移动学习管理端。移动学习用户端是学习者进行学习的途径；移动学习管理端是进行学习系统管理的平台，是学习系统的管理人员进行学习通知发布、学习任务发布、学习资源上传、学习者数据分析等操作的平台，是移动客户端的支撑平台。

6. 学习活动

对于学生来说，进行移动学习时学习的自由度比较大、自主性比较强，因此组织好学习活动对于保证移动学习的高质量有重要作用。移动学习的学习活动设计也是非常重要的。移动学习活动设计不仅要具有教学设计的思想，还要考虑到移动学习的特点，重视学习者的移动学习体验。移动学习活动设计，主要包括学习者特征分析和教学情境分析、教学内容和教学目标分析、学习资源的设计与开发、移动技术与教学环境的整合、移动教学策略的设计及移动学习结果的评价。

二、新时期移动学习常态下英语阅读教学的特点

（一）海量英语阅读资源

与传统相对固定的英语阅读材料和图书资源相比，移动学习的学习资源数量极为庞大，阅读资源应有尽有。而且移动学习的英语阅读资源都被精准整理分类到不同的板块，常见的有精读板块、泛读板块、趣味阅读板块和四六级、雅思托福阅读板块。

在精读板块，学生可以阅读到英语词汇、语法、文本分析、重难点解析、练习精讲和学习方法介绍等。精读板块是夯实学生英语基础的，学生可以通过精读板块的学习，累积大量词汇，了解阅读方法，增强阅读理解能力，具备基本的阅读能力，能够对一般的文章进行赏析和总结。而在泛读板块，学生能够阅读大量的英文原版中长篇小说、新闻、杂志和众多学科如历史、文化、科技、经济、政治、生活等方面的作品。泛读板块是逐步培养学生语言和思维能力的，学生可以感受异国文化，更好地掌握英语文化圈中的国家文化。趣味阅读板块则主要呈现了国内外的幽默笑话、诗词歌赋、神话寓言、奇闻趣事等，这个版块主要是为了让学生放松学习压力，开阔眼界，增加见闻，进一步提升学生的英语审美情趣，丰富学生的语言知识。最后一个部分是应试阅读板块，主要是为了满足学生的考试需求，让学生进行有针对性地阅读训练，熟悉考试内容和流程，提高学生考试的通过率。

面对移动学习环境下海量的英语阅读资源，学生可以根据自己的需求，快速找到自己所需要的阅读材料，如此就能兼顾阅读学习需求和阅读教学任务，从而有效提高学生的阅读能力。

（二）教师可以进行个性化教学

在移动阅读助力下，教师能够利用云端上传课件、阅读材料、读后感、阅读方法、批改阅读练习、进行测试、总结、分析学生的学习情况，根据学生的学情反馈，加深学生对重难点知识的学习和巩固。同时，教师可以针对不同基

础的学生展开不同的教学，发放不同难度的阅读材料和测试练习，满足不同层次学生的学习需求，从而激发学生的阅读学习兴趣和热情。

移动常态下的阅读教学，教师可以不受时间和空间的限制，随时接收学生的反馈，及时针对问题进行回复和讲解，帮助学生利用线下的时间进行高效的延展阅读，让课堂学习和课外阅读得到有机结合，提高阅读教学效率。

（三）学生可以进行个性化学习

相比于以教师为中心的传统阅读教学，在移动常态下，学生可以不受制于特定的教材和教学计划，根据自己的需求有选择性地进行阅读学习。教师在云端上传了课件、阅读材料、读后感、阅读方法之后，学生可以不受束缚，随时随地根据所需下载内容进行学习和强化。这种个性化的学习能够极大地提高学生的英语阅读学习热情，对培养学生的批判性思维意义重大。

（四）获得阅读诉求的满足

移动环境为学生提供了源源不断的英语阅读素材，大量的阅读素材必然能够激发学生更多的思考与灵感，不同的学习者能够各取所需，得到自己想要的阅读资源，满足各自的阅读诉求。

三、新时期基于移动学习平台微信的英语阅读教学分析

微信是依托互联网信息技术，以即时通信为核心，具有社交、自媒体、大众传播媒介、开放式商业平台等众多功能的新兴媒介形态，其本质是为移动智能终端提供及时服务的应用程序。它除了具有传统聊天应用软件收、发信息的功能点之外，更具有信息发布便捷、传播速度快、互动性强、成本低廉等优点。经过多年的市场检验，微信不仅准确把握了用户诉求和使用心理，给予用户良好的通信服务体验，同时也很好地诠释了移动互联网时代的生活方式。

（一）微信辅助下的英语阅读课堂教学活动设计

微信辅助下的高校英语阅读课堂教学活动可分为三个环节：课前预习、课中互动、课后反馈与巩固。在这三个环节中，师生之间的微信交流都是双向的。

教师在上课前将预习内容、教学目标、背景知识等通过微信公布出来，学生登录相应的微信平台后就能了解本次阅读课的重难点，并对教师发表的预习任务做出回应。教师在选取阅读材料时，应该考虑学生的实际英语水平，把握好难易程度。阅读任务最好有时间限制，即要求学生在规定的时间内读完材料。

布置的阅读任务形式可灵活多样，如参与讨论、回答问题、写读后感、翻译等。

在课中互动这一环节，教师根据微信中学生对阅读任务的完成情况进行互动讨论或者答疑互动。教师结合阅读课教学内容设置一定的主题讨论，如一个社会热门话题，一个不同的观点，一个有异议的语法现象，一则不同的翻译等，要求学生用英语进行讨论，教师参与讨论并适时指导、监督。学生在充分自由讨论的过程中，将阅读所学的相关知识最大限度地输出。

在课后反馈与巩固环节，通过私信交流等形式，教师可以了解学生对阅读材料的兴趣，及时补充相关内容，优化阅读教学思路，改善阅读教学方法。教师也可以通过私信交流得知学生在阅读学习中遇到的问题，将问题及时归类，通过课堂或者微信进行针对性讲解，让学生进一步巩固所学知识。

（二）基于微信的英语阅读教学注意事项

1. 提高教师灵活运用微信的能力

目前英语教师对信息技术的掌握能力与获取信息的能力与当前数字时代的大学生存在不对称性，年轻大学生对新媒体技术的掌握程度往往强于教师尤其是广大的中年及以上年龄的英语教师。严峻的现实考验要求英语教师必须不断学习，提高自身运用微信的能力，更好地让微信在英语阅读课堂中得到合理运用。

2. 必须以课堂教学为主，微信利用为辅

将微信引入高校英语阅读教学，巧用微信使其成为学生自主、交互阅读学习的平台，是信息化教育环境下高校英语教学新形势的体现。但微信无法全面替代传统阅读课堂教学，阅读教学必须以课堂教学为主，微信利用为辅。同时，为防止偏离主题、学习流于形式等，教师应适时约束、监督并规范学生的微信使用行为。

3. 微信辅助英语阅读教学对学校提出了新要求

微信应用于英语阅读教学加深了师生之间联系，但要想充分发挥微信对阅读教学的辅助作用，就必须优化学校的网络设置，即让整个校园都覆盖于无线网络之下。

四、新时期基于移动学习平台微博的英语阅读教学

微博是当前我国互联网社交中非常热门的工具之一，这在大学生群体中表现得更加突出。

（一）基于微博的英语阅读教学活动组织

1. 通过微博引导学生进行课前预习

教师在进行阅读教学之前可以在微博上公布教学任务，并针对新的阅读课程提出若干具有趣味性、拓展性的问题，引导学生事先了解阅读课程内容、解答教师问题并做好课前预习。另外，学生也可以将自己预习中遇到的问题发布在微博上，与同学进行讨论。教师也可对个别问题的解答进行指引，同时将在微博上发现的共性问题进行记录，在课堂上重点解答。

2. 通过微博对课堂内容进行交流

在传统的英语阅读课堂上，教师占据主导地位，教师讲解、提问、布置作业、提供反馈、做出评估，学生听讲、学习、模仿、练习，学生只是被迫接受这种传授，没有自己思考的空间。传统的阅读课相对比较沉闷，学生阅读学习的积极性难以提高，而微博教学的及时性和互动性能弥补这一缺憾。提高学生参与阅读教学活动的积极性，让他们意识到，他们不该只是被动的信息接收者。

3. 通过微博对课外知识进行补充

传统的高校英语阅读教学受到课时限制，课堂教学很难有效完成全部教学任务。英语阅读学习是一个不断积累的过程，学生只有多接触英语才能巩固所学知识，所以开展课外阅读学习显得尤为重要。但是课外阅读学习并不是简单地要求学生随意寻取阅读学习资源，在这个过程中，教师必须要对学生进行引导。

4. 通过微博进行反馈和评价

课后，学生可以将阅读学习中存在的问题、自己的感受及对教师的建议通过微博反馈给教师，教师可以更有针对性地解决学生阅读学习中存在的问题。由于微博能完整记录学生在阅读活动中的学习情况，教师可以对学生的阅读能力进行评测。作为传统评价的补充，这种评估更全面，比如可以了解到学生的活跃度、参与意识及合作意识等。

（二）基于微博的英语阅读教学注意事项

1. 发挥教师的指导、监督作用

教师借助微博平台，与学生成为互相关注的好友。教师要积极引导学生利用微博完成阅读任务，鼓励学生用英语提问、交流，指导学生通过微博发布自己喜欢的阅读资源与大家分享，根据学生在英语阅读过程中遇到的问题与困惑给予方法指导，使学生学会阅读。在微博讨论的过程中，教师不能像在传统课堂上那样一味灌输，而应该把话语权放给学生，让学生多去体验、感受，使学生养成独立自主的意识，真正成为学习主体。同时教师要通过微博发挥监督作用，密切关注学生的阅读状况及阅读任务完成情况，防止主题偏离等现象的出现。①

2. 充分利用好主题讨论

在微博平台上，教师与学生之间及学生与学生之间相互关注，相互评论，这样能够对英语阅读教学中及英语阅读过程中存在的问题或者困惑用英语进行交流。教师针对阅读过程中提出的有针对性的阅读主题，引导学生进行积极讨论与交流，在讨论的过程中，锻炼学生运用英语的能力，活跃学生的英语思维，培养其自主学习的能力，调动其独立阅读的积极性，从而优化基于微博的英语阅读教学效果。

① 孙骞．微博在大学英语阅读教学中的应用［J］．大学英语（学术版），2015（1）．

参考文献

[1] 毕纪芹 . 大学英语阅读教学的现状与改革分析 [J]. 教育教学论坛, 2020 (45).

[2] 常丽强 . 语篇分析与英语阅读教学研究 [M]. 天津: 天津科学技术出版社, 2019.

[3] 陈明 . 大学英语阅读教学引进翻转课堂的实践策略 [J]. 侨园, 2020 (3).

[4] 陈细竹 . 大学英语阅读教学的动态评价模式构建 [J]. 创新创业理论研究与实践, 2021, 4 (4).

[5] 陈则航 . 英语阅读教学与研究 [M]. 北京: 外语教学与研究出版社, 2016.

[6] 崔启虎 . 大学英语阅读教学研究 [J]. 各界 (下半月), 2019 (2).

[7] 崔岩 . 浅析衔接与连贯理论对大学英语阅读教学的启示 [J]. 教育现代化, 2018, 5 (41).

[8] 段梦桃 . 英语阅读教学策略研究 [M]. 延边大学出版社, 2019.

[9] 范晓龙 . 语境对大学英语阅读教学的启发 [J]. 校园英语, 2018 (51).

[10] 付铮 . 跨文化交际能力改革大学英语阅读教学 [J]. 新阅读, 2020 (12).

[11] 顾锡涛, 张媛媛 . 英语阅读理论与策略概览 [M]. 上海: 复旦大学出版社, 2019.

[12] 郭歌 . 大学英语阅读教学中的学习动机研究 [J]. 校园英语, 2018 (3).

[13] 郭少华 . 浅议大学英语阅读教学策略 [J]. 校园英语, 2017 (45).

[14] 贺琛琛, 王崧珍 . 支架式教学模式在大学英语阅读中的应用探究 [J]. 昌吉学院学报, 2021 (1).

[15] 贺亚男 . 大学英语阅读及写作教学研究 [M]. 成都: 电子科技大学出版社, 2015.

[16] 黄芳 . 新时代下高校英语阅读与词汇教学研究 [M]. 长春: 吉林人民出版社, 2019.

[17] 黄永媛, 董丽丽, 张晓辉 . 英语阅读教学研究 [M]. 西安: 西安交通大

学出版社，2017.
［18］黄远振．英语阅读教学与思维发展［M］．南宁：广西教育出版社，2019.
［19］金红卫，陈勇．英语认知能力构建与高职实用英语教学改革［M］．长春：吉林出版集团股份有限公司，2018.
［20］康晓倩．大学英语阅读教学方法与策略［M］．天津：天津人民出版社，2019.
［21］赖洁．浅谈大学英语阅读教学方法分析［J］．科教导刊，2019（10）.
［22］赖俏贞．大学英语阅读教学策略［J］．课程教育研究，2017（1）.
［23］李红．英语阅读理论与实践［M］．北京：国防工业出版社，2011.
［24］李莲珠．基于微课的大学英语阅读教学设计策略研究［J］．新一代，2019（15）.
［25］李雯．教学改革背景下的大学英语教学研究［M］．北京：中国水利水电出版社，2016.
［26］李小霞，沈涛．高校英语阅读教学方法与思维创新［M］．天津：天津科学技术出版社，2017.
［27］梁欣．翻转课堂在大学英语阅读教学的应用研究［J］．山西青年，2020（18）.
［28］梁玉国．大学英语阅读与教育教学研究［M］．哈尔滨：哈尔滨地图出版社，2020.
［29］刘冰．微课在大学英语阅读教学中的应用策略研究［J］．山西青年，2021（7）.
［30］刘娜．英语阅读教学模式研究［M］．延吉：延边大学出版社，2018.
［31］柳文娟．探究翻转课堂视角下的大学英语阅读教学模式［J］．卷宗，2020，10（18）.
［32］柳希．现代大学英语教学理论与策略研究［M］．延吉：延边大学出版社，2020.
［33］路丽平．大学英语阅读教学研究［M］．北京：现代出版社，2016.
［34］吕翠玲．大学英语阅读教学创新研究［M］．沈阳：辽宁大学出版社，2018.
［35］罗昱．语篇分析理论下英语阅读教学研究［M］．北京：北京工业大学出版社，2018.
［36］马海英．大学英语阅读教学问题与策略研究［J］．知识文库，2019（15）.
［37］马笑春．大学英语阅读教学方法研究［M］．哈尔滨：东北林业大学出版社，2018.

[38] 毛瑜，张金霞，车乒．英语阅读教学与思维创新［M］．长春：吉林美术出版社，2017.
[39] 牛璐．英语阅读策略与英语阅读教学模式研究［J］．海外英语，2021（3）.
[40] 钱满秋．现阶段大学英语教学改革研究［M］．北京：北京理工大学出版社，2017.
[41] 乔春英，孙红卫．英语阅读和教学思维研究［M］．长春：东北师范大学出版社，2016.
[42] 邱锦艳．大学英语阅读教学的相关思考［J］．明日风尚，2017（2）.
[43] 沈佳，王慧祺，王黎藜．大学英语阅读教学现状分析［J］．英语广场，2020（23）.
[44] 石帅．高校大学英语教学实践研究［M］．长春：吉林教育出版社，2020.
[45] 舒婧娟，汪萍，鲁春林．基于多维视角下的英语教育模式研究［M］．青岛：中国海洋大学出版社，2019.
[46] 宋欢，黄萌，刘璃葺．翻转课堂教学与英语阅读教学研究［M］．长春：吉林人民出版社，2018.
[47] 唐晓澐．图式理论在高中英语阅读教学中的运用研究［M］．上海：上海交通大学出版社，2016.
[48] 王超．英语阅读与教学研究［M］．天津：天津科学技术出版社，2020.
[49] 王翠．浅谈大学英语阅读教学［J］．现代交际，2020（7）.
[50] 王丹．英语阅读教学理论与实践［M］．北京：知识产权出版社，2018.
[51] 王笃勤．大学英语阅读教学活动设计［M］．哈尔滨：哈尔滨工程大学出版社，2011.
[52] 王国定．英语阅读教学与学生阅读素养的培养［M］．北京：中国言实出版社，2018.
[53] 王进．大学英语阅读与教学研究［M］．北京：北京工业大学出版社，2020.
[54] 王昆芳．关联理论视阈下大学英语阅读教学研究［J］．教育教学论坛，2020（47）.
[55] 王璐．关于混合式教学模式在大学英语阅读教学中的应用分析［J］．海外英语，2021（5）.
[56] 王婷．大学英语阅读课堂的混合型模式教学研究［M］．长春：吉林教育出版社，2020.
[57] 王晓清，汪思佳，孙静．英语阅读和教学思维研究［M］．天津：天津科

学技术出版社，2017.
[58] 王艺．语篇分析视角下大学英语阅读教学研究［M］．长春：东北师范大学出版社，2019.
[59] 吴杰荣，陈宝娣．问题式教学法在大学英语阅读教学中的应用研究［M］．哈尔滨：东北林业大学出版社，2017.
[60] 吴蜜琴．大学英语阅读教学：问题和对策［J］．牡丹江教育学院学报，2017（10）．
[61] 吴楠．分层教学法在大学英语阅读教学中的应用探讨［J］．校园英语，2021（6）．
[62] 吴耀武．大学英语阅读分层处方教学模式研究［M］．西安：西北工业大学出版社，2016.
[63] 肖晗，陈达．翻转课堂模式下的大学英语阅读教学模式研究［J］．外国语文，2018（1）．
[64] 辛淼淼．大学英语教学理论与实践研究［M］．天津：天津科学技术出版社，2020.
[65] 邢国锋．基于语篇的英语阅读教学［M］．北京：北京教育出版社，2017.
[66] 徐常兰．大学英语自主学习与阅读教学研究［M］．长春：东北师范大学出版社，2019.
[67] 徐福江，刘凤钦．英语阅读与教学研究［M］．北京：中国国际广播出版社，2020.
[68] 杨光，刘永莉，操林英．多元化背景下的英语教学研究［M］．长春：吉林大学出版社，2012.
[69] 杨梅．任务导向的E+大学英语教程［M］．北京：九州出版社，2017.
[70] 姚志方．高职英语任务型教学模式探析［M］．武汉：武汉出版社，2011.
[71] 叶晓平．英语阅读教学设计与实践［M］．北京：外文出版社，2016.
[72] 游英慧．英语阅读与教学研究［M］．北京：光明日报出版社，2016.
[73] 于利伟．大学英语阅读教学的有效性研究［J］．参花（上），2018（4）．
[74] 于洋，唐艳．大学英语阅读教学方法研究［M］．北京：现代出版社，2019.
[75] 俞航．大学英语阅读与教学研究［M］．咸阳：西北农林科技大学出版社，2017.
[76] 曾辰．交互式理念下的大学英语阅读教学［J］．蚌埠学院学报，2017，6（5）．
[77] 张芙蓉．浅谈大学英语阅读教学的重要性［J］．教育现代化，2019（39）．

[78] 张慧芳．英语阅读与教学研究［M］．长春：吉林人民出版社，2017.
[79] 张晶，张建利，刘英杰．英语教学改革与翻译实践研究［M］．长春：吉林美术出版社，2018.
[80] 张君棠．大学英语阅读教学理论与实践［M］．北京：冶金工业出版社，2014.
[81] 张楠．大学英语阅读教学现状分析及对策［J］．校园英语，2018（39）.
[82] 张玮．培养跨文化能力的大学英语阅读教学实践研究［J］．校园英语，2020（5）.
[83] 张文英．语篇分析视角下大学英语阅读教学策略创新研究［J］．宿州教育学院学报，2019，22（5）.
[84] 张湘．主题英语阅读教学的图式交互可视化策略研究［M］．广州：广东高等教育出版社，2016.
[85] 张小薇．混合式英语阅读教学研究［M］．哈尔滨：东北林业大学出版社，2018.
[86] 张小雁．大学英语阅读教学的翻转课堂研究［J］．产业与科技论坛，2020，19（16）.
[87] 张卓．新媒体英语阅读［M］．苏州：苏州大学出版社，2020.
[88] 赵艳玲．微课在大学英语阅读教学中的应用［J］．西部素质教育，2017，3（24）.
[89] 钟亮，干静枫．英语阅读教学中的认知研究［M］．北京：原子能出版社，2016.
[90] 周琳．大学英语阅读教学中语篇分析理论应用浅析［J］．科教导刊，2018（26）.
[91] 周运海，张刚，许晓元．浅谈大学英语阅读教学［J］．考试周刊，2017（52）.
[92] 朱晓萍．高校大学英语教学实践研究［M］．西安：西北工业大学出版社，2020.